高校
育人工作实务

陈玉娥 ◎ 著

九州出版社
JIUZHOUPRESS

图书在版编目（CIP）数据

高校育人工作实务 / 陈玉娥著. -- 北京 ：九州出
版社，2024.4
ISBN 978-7-5225-2898-4

Ⅰ．①高… Ⅱ．①陈… Ⅲ．①高等学校－教书育人－
教育工作－研究－中国 Ⅳ．①G649.2

中国国家版本馆CIP数据核字(2024)第093768号

高校育人工作实务

作　　者	陈玉娥　著
责任编辑	李　荣
出版发行	九州出版社
地　　址	北京市西城区阜外大街甲 35 号（100037）
发行电话	(010)68992190/3/5/6
网　　址	www.jiuzhoupress.com
印　　刷	北京厚诚则铭印刷科技有限公司
开　　本	710毫米×1000毫米　　16 开
印　　张	12.25
字　　数	220 千字
版　　次	2025 年 1 月第 1 版
印　　次	2025 年 1 月第 1 次印刷
书　　号	ISBN 978-7-5225-2898-4
定　　价	58.00 元

前　　言

实现中华民族伟大复兴，需要物质文明极大发展，也需要精神文明极大发展。习近平总书记关于社会主义精神文明建设的重要论述，是习近平新时代中国特色社会主义思想的重要组成部分，对于加强理想信念教育、培育和践行社会主义核心价值观，推进文明实践、文明培育、文明创建，提高全社会文明程度、促进人民精神生活共同富裕，为奋进新征程、建功新时代提供坚强思想保证、强大精神动力、丰润道德滋养、良好文化条件，具有十分重要的指导意义。

习近平总书记在党的二十大报告中强调，全党要把青年工作作为战略性工作来抓，用党的科学理论武装青年，用党的初心使命感召青年，做青年朋友的知心人、青年工作的热心人、青年群众的引路人。认真学习宣传贯彻党的二十大精神，深刻领悟"两个确立"的决定性意义，实施科教兴国战略，强化现代化建设人才支撑，实现第二个百年奋斗目标，这是对新时代高校思想政治工作提出的新要求和任务。

深入贯彻落实习近平总书记在全国高校思想政治工作会议上重要讲话精神，坚持把立德树人作为根本任务，把思想政治工作贯穿教育教学全过程，实现全程育人、全方位育人，努力开创我国高等教育事业发展新局面，是高校为党育人、为国育才的神圣使命和政治责任。三明学院党委持续学习宣传贯彻习近平总书记关于教育的重要论述，落实新时代人才培养要求，在构建完善思想政治工作体系、推动思想政治工作创新发展，打造"三全育人"试点以及德智体美劳"五育"融合发展，创新推进"师生四同"育人模式等方面，不断尝试和探索，取得了许多体现本校育人特色、具有创新性、可复制性的工作经验和优秀成果。

本书主要研究了高校育人的理论与实践。全书分为五个章节，第一章研究了高校"三全育人"的总体概述，主要内容有高校"三全育人"概念提出、高校"三全育人"的内涵特征以及高校"三全育人"的重大意义；第二章为高校"三全育人"的核心内容，主要论述了新时代高校"全员育人"的核心内容、高校"全程育人"的核心内容以及高校"全方位育人"的核心内容；第三章研究了高校"心理育人"的理论基础，主要研究了马克思主义认识论、思想政治教育学原理以及心理学理论；第四章分析了高校"心理育人"的工作体系，主要探索了高校心理育人工作内容体系的构建、高校心理育人工作途径的构建、高校心理育人的预防干预体系、高校心理育人队伍建设以及高校心理育人的工作机制与评价机制；第五章以三明学院"心理育人"为例，对高校"心理育人"的实践进行了探索，主要从三明学院心理育人工作的制度设计、心理育人工作举措与成效以及三明学院心理育人工作案例三个方面进行论述。

时代是出卷人，我们是答卷人，三明学院学生工作者将奋进新时代，发扬光荣的爱国主义传统，围绕"三明三康"育人理念，踔厉奋发，勇毅前行，努力培养堪当民族复兴重任的时代新人。我们也希望三明学院继续完善"三全"育人实践，打造优势品牌，持之以恒、守正创新，为全校"三全育人"新格局构建，为培养德智体美劳全面发展的社会主义建设者和接班人贡献更大力量！

在本书撰写过程中，笔者既对前辈学者的研究成果有所参考和借鉴，也注重将自身的研究成果充实于其中。尽管如此，囿于笔者学识眼界，本书瑕疵之处难以避免，切望同行专家及读者批评指正。

目　　录

第一章　高校"三全育人"的总体概述

第一节　高校"三全育人"概念提出

"三全育人"是我国教育界历经多年探索与实践，在总结以往教育经验，在新时代背景下提出的指导高校育人工作的新模式、新理念；旨在通过全员育人、全过程育人和全方位育人的教育模式实现人才的全方位培养和系统化培育。以下的内容着重对新时代高校"三全育人"概念的形成和提出过程进行回顾，为准确把握新时代高校"三全育人"的内涵和要求提供重要的信息参考。

一、高校"三全育人"的提出背景

高等学校是实施高等教育的主体。新时代我国高等教育开展"三全育人"实践受限于我国高等教育发展的实际情况和现实需要。因此，对新时代高校"三全育人"提出的背景分析应以高等教育发展的实际情况和现实需要为切入点。

（一）"两个大局"赋予了高等教育新的重大使命

当前，世界之变、时代之变、历史之变正以前所未有的形式展开，世界在动荡艰难中前行。在此背景下，立足中华民族伟大复兴的战略全局和世界百年未有之大变局，建设让党放心、人民满意、世界一流的大学，是习近平总书记始终深情牵挂的大事。在此背景下，我国高等教育要深刻认识世界局势和中国国情的变化，迎接新形势下对高等教育提出的新要求。

新中国成立以来，中华民族再次登上世界舞台的中央。我国独特的历史、独特的文化、独特的国情决定我们的高等教育在培养人才上必须把握大局，必须立足中华民族伟大复兴的战略全局，必须扎根中国大地，走出一条建设中国特色、世界一流大学的新路。只有这样，我匡高等教育才能在变局中站稳脚跟，获得发展空间。

建设中国特色、世界一流大学是时代赋予中国高等教育的时代使命。世界百年未有之大变局不是置中国于局外的变局，中国是这一大变局的参与者、塑造者、引领者。我们必须牢牢把握历史机遇，胸怀"两个大局"，准确把握中华民族伟大复兴的战略全局和世界百年未有之大变局这"两个大局"的辩证关系，深刻把握中国特色、世界一流大学的时代内涵和实践路径，在扎根中国大地办大学的路上，坚持党的领导，彰显中国"理论特色"，诠释中国"价值特色"，努力培养能堪当中华民族复兴重任的时代新人。

坚持党的领导，办好高等教育。2014 年，习近平总书记同北京师范大学师生代表座谈时讲话指出："我们的教育是为人民服务、为中国特色社会主义服务、为改革开放和社会主义现代化建设服务的，党和人民需要培养的是社会主义事业建设者和接班人。"办好高等教育关乎党的事业后继有人，关乎国家的前途命运，只有坚持党的领导，才能高效落实党的方针政策，保障办高等教育方向不动摇，根本实现立德树人的根本任务。

推进中国化时代化，彰显中国"理论特色"。习近平总书记提出"加快构建中国特色哲学社会科学学科体系、学术体系、话语体系"，高校要发挥优势、守正创新，加快构建中国特色哲学社会科学"三大体系"。在世界之变、时代之变、历史之变的背景下，中国高等教育面临的国情、世界局势日益复杂，因此建设中国特色、世界一流大学同样面临前所未有的挑战。高校必须在实践中不断与时俱进地继承和发展马克思主义，实现马克思主义时代化、中国化，也必须在汲取中华民族优秀传统文化下，坚持马克思主义立场、观点和方法，借鉴世界优秀文明成果，为中华民族伟大复兴战略全局和世界百年未有之大变局做足准备。

坚持为国育才，诠释中国"价值特色"。高校建设中国特色、世界一流大学，是培养合格的社会主义的建设者和接班人这一目标任务的内在要求，是高校发挥知识教育和思想政治教育的双重功能的必然要求，是建设一支"经师"和"人师"优秀教师队伍的本质要求。

（二）意识形态安全给高等教育发展提出了新的挑战与要求

随着国际国内形势的变化，高校意识形态建设既面临新挑战，也面临全新的发展。

第一，全球化带来的新挑战。世界正在朝一个"地球村"的方向发展，西方少数资本主义国家在经济扩张的同时，也进行文化扩张和意识形态的渗透。高校学生是时代的弄潮儿，大学生很容易受到西方思想的影响，部分青年学生存在对社会主流意识形态有否定和排斥的现象。

第二，社会转型带来的挑战。由于经济体制转轨、社会结构的调整、社会内部矛盾的客观存在，大学生群体意识受到影响是难以避免的。同时，功利主义、实用主义的思潮对大学生群体重功利、轻理想信念也有一定的影响。

第三，新媒体传播带来的挑战。网络不仅给大学生学习带来方便，也使部分缺乏网络甄别能力的大学生容易受到网络色情、暴力、垃圾等有害信息的影响。此外，境外利用网络对中国社会主义制度的诋毁，制造各种不和谐的噪音和杂音，也给高校社会意识形态的建设带来新的挑战。

（三）新一轮科技革命增加了高等教育发展的紧迫性

科学技术是第一生产力。当前科技革命和工业变革相互促进的状况，推动了全球经济形势的改变，经济形势的变化引起了全球政治格局的重大变化。党的十八大以来，习近平总书记围绕科技革命提出了一系列新的战略思想和观点，这为中国特色社会主义的发展明确了科技方向。

首先，新一轮科技革命是一把双刃剑，我国要在科技革命中紧紧抓住机遇，直面挑战。关于新一轮科技革命的兴起、发展和应对，习近平总书记早在2016年就提出了重点策略，即综合国力竞争说到底是人才竞争。谁能培养和吸引更多优秀人才，谁就能在竞争中占据优势。据此可以看出，在面对新一轮科技革命的机遇和挑战中，最为重要的就是培养和吸收大量优秀的人才。

高等教育的主要任务是培养人才。高等教育的这种地位和作用，决定了在新一轮科技革命的浪潮下，要按照科技创新的诉求，积极建设规模宏大、结构合理、素质优良的科技人才队伍。

其次，人才培养与吸引的重点在于素质。关于人才在科技创新方面的地位，习近平总书记曾给出明确指引，即要把人才资源开发放在科技创新最优先的位置。对于高等教育主体尤其是高校来说，除了要把握人才培养在科技创新方面的定位以外，还要关注如何培养出高素质的人才。在这方面，高等教育发展要将关注的重点放在人才的基本素质方面。以往的实践表明，人才的基本素质在较大程度上决定了其能否胜任科技创新的重任。从这个视角看，要想真正培养出高素质的人才，满足国家和社会在科技创新方面的需要，就要重视人才的知识和技术培养，并对人的思想意识培养给予足够的关注。这正如马克思提出的人的发展是全面的发展一样，除了要关注人才具备的专业技术和知识素养以外，还要重视人才的思想政治素养的培养与提升。缺乏应有道德修养、政治修养的人才，是不能在科技发展中发挥应有作用的，也更不能为国家和社会发展做出应有的贡献。高等教育是输出高素质人才的重要方式。多数大学生通过接受专业性的教育，获得了专业的知识、技术，以及扎实的思想政治素养，最终通过自身的努力，走在科技变革的前沿。可见，新一轮科技革命背景下的高等教育发展除了关注大学生的专业知识和技能以外，还要对人才的思维品质和道德观念进行塑造。

从思想政治教育的视角看，人才的素养包括多重维度。思想意识中人格、道德的素质是十分重要。毛泽东在《工作方法六十条》中强调"思想工作和政治工作，是完成经济工作和技术工作的保证，它们是为经济基础服务的"，"只要我们的思想工作和政治工作稍微一放松，经济工作和技术工作就一定会走到邪路上去"。习近平总书记在全国宣传思想工作会议上指出，中国特色社会主义进入新时代，必须把统一思想、凝聚力量作为宣传思想工作的中心环节。新一轮科技革命中，科技人才更多需要具备的是大胆创新、百折不挠的匠人精神，并且也需要具备高尚的"德行"意识，只有这样，才能在科技队伍建设中起到带头作用，引领科技进步和创新。科技变革不是一蹴而就的，是诸多科技人才经过不断尝试、积极创新而创造的。在新一轮科技革命的浪潮中，而我国在科技方面要实现"弯道超车"，就需要依靠高等教育方面的人才输出。对应的，我国在新一轮科技革命中面临的人才压力和挑战，亟待通过高等教育发展中的人才培养活动加以解决。因此，加强高等教育发展中的人才素养尤其是思想道德素养的培育，也就显得十分紧迫。

（四）文化自信明确了高等教育发展的新责任

华夏文明，悠悠千古，脉脉永续，靠的就是文化的传承和教育的延续。华夏文明只有充满自信，才能在历史长河中保持自己民族的特色和兼收并蓄地发展。高校应该探索、挖掘和发扬中华民族文化的精华，明白"为培养什么人？怎样培养人？为谁培养人？"为实现中华民族伟大复兴而凝聚青春的力量。

第一，高等教育肩负着文化自信的传播责任。高等教育是传承和发扬民族文化的重要载体，也是塑造和坚定文化自信的重要途径。在文化传播中，高等教育需要持续发展文化内涵、拓展文化境界，使大学生获得更好的文化认知和文化自信。在文化自信的塑造中，高等教育所面对的是即将进入社会的大学生，其在接受和理解文化方面已经具备了较强的能力，但也存在文化现象辨别能力和文化本质把握能力不强的问题。在这种情况下，帮助大学生建立真正的文化自信就显得十分重要，传播文化自信因而成为高等教育发展中必须承担的育人责任。并且，以往的实践表明，大学生的思想意识一旦形成，就会产生个性化的思维惯性。如果在高等教育阶段帮助学生形成良好的文化自信，其在进入社会后也就会持续坚定文化自信，形成强大的爱国精神和民族精神。

第二，高等教育肩负着文化自信的塑造责任。在高等教育发展中，除了注重传授大学生专业知识和技能以外，还要做好文化的传播。在文化传播中，塑造是传播的直接结果，传播的目标就是塑造某种思想意识，以及培养科技素养、技术能力。文化的传播则直接影响到大学生对文化的理解和认知，好的文化传播行为可以促使大学生形成文化信仰，最终建立强大的文化自信心。在大学生世界观、人生观、价值观培育过程中，高等教育发挥着重要的作用，高等教育要努力让大学生形成的文化认知和文化自信符合自身、社会和国家的发展需求。因此，塑造文化自信，是高等教育发展的重要责任，也是其重要工作内容。

第三，高等教育肩负着坚定文化自信的践行责任。高等教育之所以成为国家教育的"塔尖"，是因为其有别于其他层次的教育。高等教育重点培养的是社会发展的中坚力量，是输出高层次的人才。综合素质是大学生进入社会实现良好发展的前提条件，文化自信显然是其中的核心素质之一。在这种逻辑关系中，高等教育必须肩负起引导大学生践行文化自信的责任。尤其是在科学技术发展中，不可避免地会出现思想认识和价值观念的碰撞，高新技术的前沿所承载的并非简单的技术交流，更有着深厚而广泛的文化、思想互动。如果高等教育发展缺乏民族文化自信，很容易被不良思潮所影响，那么科技领域的理念、方法、意识就很容易被文化领域的不良思想意识所左右。因此，高等教育的发展必须要有本民族的文化特质，保持强大的民族文化自信，这样才能更好地引导大学生树立良好的文化自信。

二、高校"三全育人"的提出过程

"三全育人"是教育部提出的一种教育理念，旨在全面贯彻党的教育方针，落实立德树人根本任务，发展素质教育，推进教育公平，培养德智体美劳全面发展的社会主义建设者和接班人。"三全育人"的提出过程可以概括为以下几个阶段：

第一，萌芽阶段。随着中国社会的快速发展，教育改革不断深化，人们对教育的需求和期望也在不断提高。为了更好地适应社会发展的需要，培养德智体美劳全面发展的人才，中国教育工会于 1950 年第一次全国代表大会上提出了"教书育人、管理育人、服务育人"的口号，有了最初的"三育人"的概念，初步形成"三全育人"的雏形。这个概念为高等教育开展多维度"育人"奠定了基础。

第二，探索阶段。1996 年，全国高等教育工作会议提出推进教师队伍建设和高校精神文明建设。高校育人逐渐从"教书、管理、服务"三个方面向"多角度育人"方向发展，为"三全育人"理念的形成奠定了基础。

第三，深入阶段。1999 年，中共中央、国务院发布《关于深化教育改革全面推进素质教育的决定》，明确提出"要以培养学生的创新精神和实践能力为重点，努力造就德育、智育、体育、美育等全面发展的社会主义事业建设者和接班人"。至此，我国高等教育开启了由应试教育向素质教育转变的时期。21 世纪初，江泽民提出"思想政治工作是其他工作的生命线，是党和国家的重要发展基础"。这就重申并理顺了思想政治工作与育人工作的逻辑关系，明确了育人不能脱离思想政治教育的基本定位。高校育人被赋予了"素质 + 思政"的育人方向。

第四，形成阶段。2004 年 10 月，中共中央、国务院印发《关于进一步加强和改进大学生思想政治教育的意见》，进一步明确大学生思想政治教育在高校教育工作中的重要地位，以及大学生思想政治教育工作开展的指导思想和原则，指明思想政治教育的发展思路和目标。2005 年，在大学生思想政治工作大会上，胡锦涛提出了齐抓共管的高校思想政治工作理念，第一次提出了"全员育人、全方位育人、全程育人"的工作机制和方法。由此，我国高等教育系统内逐渐形成了相对完整的育人思想和体系，即"全员、全方位、全过程"的理念。

第五，成熟阶段。在实践中，教育部通过不断总结经验，完善"三全育人"的政策措施，推动教育改革不断深入，形成了体系完备、内容丰富的"三全育人"机制，例如，加强德育课程建设，推进课程思政改革，强化实践教学环节等。

总之，"三全育人"理念的提出和实施，是中国政府和教育部门为了培养德智体美劳全面发展的人才，推动教育事业改革发展的重要举措。在未来的教育实践中，"三全育人"将继续发挥重要作用，为中国培养更多优秀人才。在一系列政策的支持下，我国在高校"三全育人"实践方面逐步形成顶层设计和详细行动方案，新时代高校"三全育人"也逐渐进入成熟阶段。

表 1-1　十八大以来党和国家出台的有关"三全育人"的相关政策文件（部分）

发布时间	文件名称	在"三全育人"实践方面的价值
2015.1	《关于进一步加强和改进新形势下高校宣传思想工作的意见》	明确高校要立足学生全面发展，努力构建"三全育人"格局，形成育人长效机制
2017.2	《关于加强和改进新形势下高校思想政治工作的意见》	进一步强调高校要落实"三全育人"要求，打造多方面育人长效机制
2017.12	《高校思想政治工作质量提升工程实施纲要》	将形成"三全育人"格局明确为高校思想政治工作质量提升工程的总体目标之一；将构建"十大"育人体系确立为高校思想政治工作质量提升工程的基本任务
2019.11	《新时代爱国主义教育实施纲要》	明确提出高校要将爱国主义教育内容与哲学社会科学相关的专业课程有机结合，加大爱国主义教育内容在课程教育中的比重
2021.07.14	《关于新时代加强和改进思想政治工作的意见》	要深入开展思想政治教育，要提升基层思想政治工作质量和水平，要推动新时代思想政治工作守正创新发展，要构建共同推进思想政治工作的大格局
2022.07.25	《全面推进"大思政课"建设的工作方案》	全面推进"大思政课"建设，要坚持以习近平新时代中国特色社会主义思想为指导，聚焦立德树人根本任务，推动用党的创新理论铸魂育人，不断增强针对性、提高有效性，实现入脑入心

第二节　高校"三全育人"的内涵特征

2017 年，中共中央、国务院印发《关于加强和改进新形势下高校思想政治工作的意见》提出，坚持全员全过程全方位育人。"三全育人"的提出对高校办好中国特色、世界一流大学具有重要的现实意义。高校要深刻把握"三全育人"的内涵特征，为培养德智体美劳全面发展的合格接班人和建设者添砖加瓦。

一、高校"三全育人"的基本内涵

经过长期的探索和实践，新时代高校提出了符合中国特色的高校育人理念和育人模式即"三全育人"。"三全育人"作为一种新的育人机制，将高校人员、空间、时间、环境等育人要素有机地整合起来并科学加以利用，为新时代的高校教育服务。

"三全育人"覆盖范围广泛，涵盖高校教育的方方面面。我们对"三全育人"内涵的剖析不能拘泥于思想政治教育，要把高校思想政治教育、知识教育、心理健康教育等教育内容有机地结合起来，既包括德智体美劳"五育"，也包括心理健康教育，为培养合格的社会主义接班人和建设者服务。

"三全育人"是新时代高校育人新理念，其从学生发展的角度出发指导高校开展教育，涵盖学生的知识教育、思想政治教育以及职业生涯教育的全过程教育，帮助学生更好地从"学生"角色向"社会人"角色顺利过渡。

第一，全员育人。"全员育人"强调育人的主体因素，即人人都参与育人。人的发展受到多方因素的影响，社会环境、家庭教育、学校教育以及个体自身因素都是影响人全面发展的重要因素。由此"全员育人"的内涵就有广义和狭义之分。本书中的"全员育人"的内涵是狭义的，专指高校内具有育人意识并对学生的发展产生正面影响作用的全体教职工、后勤人员、宿管人员等形成的育人共同体。它强调高校全体教职工形成协调联动的工作机制，凝聚育人合力，高质量实现育人目标。

第二，全过程育人。"全过程育人"强调育人的时间因素，即时时都在育人。全过程育人是高校响应"三全育人"的要求而构建的一个全过程的育人链条，它根据学生的成长发展规律和学习规律把教育活动贯穿学生的整个学习过程。"全过程育人"要求高校将学生的课堂学习、社会实践、课外活动等时间段有序利用起来，将思想政治教育、知识教育、心理健康教育等融入、渗透到学生的学习生活全过程，在高校内部形成一个完整的教育体系，形成教育资源在时间上的集中和协调，最终有效保证高校育人目标的实现。

第三，全方位育人。"全方位育人"强调的是育人的空间因素，即处处都能育人。由于新时代互联网的发展，大学生的生活和学习空间突破了校园物理环境的界限，延伸到网络空间。他们足不出户，便可在网络空间冲浪。这就要求高校需要通过协调和利用各种现实空间、网络虚拟空间和环境资源，打破传统的课堂育人模式，形成多联互动，充分挖掘并整合各种教育资源，对大学生进行全方位的思想引领、知识教育、心理健康教育，全方位促进大学生的发展。

"三全育人"的根本任务是育人。全员育人的育人主体必须整合各方资源，将思想政治教育、知识教育和心理健康教育贯穿学生成长发展始终。育人主体会影响教育的效果以及学生价值观、世界观、人生观的形成，在"三全育人"中具有基础性的作用。

"全过程"和"全方位"育人是高校工作的路径。学生的发展过程不是线性的，而是容易受社会环境多变性和复杂性的影响。因此，育人对象会受到社会环境的积极和消极影响，为了实现如何培养人、培养什么人、为谁培养人的教育目标，高校需要将"三全育人"落实到教育对象的成长过程中，做到教育工作的有效衔接，需要全员参与、全过程开展、全方位整合教育资源，为实现高质量的育人目标提供保障。

二、高校"三全育人"的基本特征

"三全育人"是新时代中国高等教育的新理念，其基本特征主要包括以下三个方面：

第一，一致的育人目标。"三全育人"的教育理念是全员参与教育过程，这就要求参与教育过程的所有人都必须具有一致的教育目标。建设中国特色、世界一流大学的教育目标是坚持马克思主义指导地位，不断推进马克思主义中国化、时代化，始终坚持社会主义办学方向，落实立德树人的根本任务，坚持教育为人民服务、为中国共产党治国理政服务、为巩固和发展中国特色社会主义制度服务、为改革开放和社会主义现代化建设服务，扎根中国大地办教育，同生产劳动和社会实践相结合，培养社会主义建设者和接班人。

第二，协同的育人生态。高质量地推进"三全育人"，必须打造良好的教育生态环境，形成多方协同的育人生态。积极参与、相互协同的育人主体，有齐心的育人合力，有榜样示范的奖励制度，有不良行为的惩戒机制等各种因素，都将改善不健全的育人生态，让高等教育重回良性循环的育人道路，加速形成协同一致的育人生态环境。

第三，跟进的育人过程。全过程育人要求受教育者在整个成长发展过程中有积极的教育者，有教育的跟进者，有科学合理的教育内容、有合理的教育实践活动，有相互衔接的并且层层递进的教育环节。全过程育人还要求每一个教育阶段都有监督评估机制，保障全过程育人的目标的实现。

第三节 高校"三全育人"的重大意义

新时代高校贯彻落实"三全育人"的新理念，既是落实立德树人根本任务的需要，也是新时代高校高质量发展的现实需要，是培养德智体美劳全面发展的社会主义建设者和接班人的迫切需要。

一、推动构建"大思政"育人格局

新时代中国高等教育如何打破长期以来思想政治教育与专业知识教育之间的"孤岛效应"，一直是高校的重要任务之一。习近平总书记指出："要用好课堂教学这个主渠道，思想政治理论课要坚持在改进中加强，提升思想政治教育亲和力和针对性，满足学生成长发展需求和期待，其他各门课都要守好一段渠、种好责任田，使各类课程与思想政治理论课同向同行，形成协同效应。"这就要求高校要全员、全过程、全方位的贯彻落实立德树人的根本任务，推动构建多方协同的"大思政"育人格局。

第一，"全员育人"为"大思政"格局厚植思政根基。"大思政"格局需要加强思想政治队伍的建设，增加育人数量，提升思想政治队伍的能力，提升育人质量。"大思政"育人格局中，人员的参与是根基，"全员育人"推动的是所有育人主体意识和能力的提升，"大思政"育人理念的具体实施。高校作为大学生培养主要场所，需要动员全体教职员工参与到思想政治教育中，使其育人的主体，形成大学生思想政治教育的核心力量。我们要把高校建设成为培养大学生的中心场所，并使教育范围辐射到影响大学生成长的社会、家庭、网络等诸多方面，形成教育的合力，共同完成教育的目标。

第二，"全程育人"为"大思政"育人格局构建框架体系。"全程育人"为"大思政"育人格局提供了时间上的主干和框架，延伸了思想政治教育的时间线。"全过程育人"要求育人主体充分认识受教育者的成长发展规律和发展特征，针对不同的发展阶段和重要的时间节点，精心设计思想政治教育的理念、目标、内容。如果违背学生成长发展的规律，即使有再好的教育手段和教育内容，思想政治教育工作也将收效甚微。因此"大思政"育人格局的形成，必须遵循学生成长发展规律，切合发展的需求，以时间为抓手，真正构建完整的"大思政"育人格局。

第三，"全方位育人"为"大思政"育人格局拓展空间范围。随着互联网的普及，学生的生活学习突破了物理空间的界限。同时，在"全方位育人"框架下，大学生的心理、精神、生活、学习层面的内容也深度融合。知识育人、课程育人、管理育人等"十大育人"体系是高校育人的主流方法和模式，也是"全方位育人"的育人模式。它受到社会、环境、家庭等综合因素的影响。要推动构建"大思政"育人格局，这就要求高校不仅要重视显性的教育效果，还要重视环境教育等隐性教育的价值，将显性教育和隐性教育有机结合起来。高校主抓主流课程的教育价值的同时，要深耕思政课程和课程思政的教育价值，全方位营造最广泛的"大思政"育人格局。所以，"全方位育人"可以推动"大思政"育人格局的构建与健全。

二、助力高等教育"内涵式发展"

高等教育内涵式发展，是党的十八大以来党中央在高等教育现代化发展方面提出的重要目标和要求。用于指导高校"三全育人"的纲要在制定过程中充分考虑了高等教育内涵式发展的目标和需要，其中实际上也明确了"三全育人"的价值目标，即要求高校在育人工作开展方面不仅要关注学生智育方面的"三全"，更应将教育现代化中高校的"内涵式发展"作为重要的着力点，在提升智育水平和质量的同时，强调"思想意识"能力。这种追求内涵式发展的思想，改变了原有的多投入低产出的高校育人思想和模式，提升了思想政治教育的质量和效果。高校教育内涵发展是对高校教育体系内涵的丰富和完善，是在"立德树人"根本任务的指导下，将"意识""思想""价值观"融入高校育人体系的内涵、内核。在思想政治教育质量提升中，高校"三全育人"实践使大学生更好地实现自我精神境界的提升，进而实现自由而全面的发展。对于高校而言，"三全育人"实践会促使本校逐步形成"协同""一体"的全面育人模式，使智育、德育相互融合。

党的十九大再次强调要追求实现高等教育内涵式发展。这也促使高校侧重通过发展有内涵的高等教育来实现我国高等教育跻身世界一流行列的目标。一流大学的标准不应仅仅包含科学技术、学科能力方面，还应包含育人能力方面，即一流大学的建设应当是"育人"能力的"领先"。一流大学如果仅仅停留在自身学科、技术方面的领先，忽视思想政治方面的领先，就可能会削弱育人的本质诉求，这对于社会发展、学生成长并没有太大的价值可言。新时代高校"三全育人"强调将高校教育、发展与育人、育思想结合起来，努力培养有能力、有思想、有眼界、有发展、有抱负的大学生，这才是"一流"的标准。

在高等教育内涵式发展中，高校发展要明确思想教育、素质教育之间的紧密关系，充分认识二者是不可分割的。高校思想政治教育是高等教育内涵式发展的重要组成部分，失去了思想意识的教育功能，高校教育的发展显然是不完美的。此时，"三全育人"恰恰可以帮助高校将思想教育、知识教育、素养教育有机结合起来，构成全面的、有内涵的育人体系。在"三全育人"的指引下，高校的思想政治工作开展可以渗透到高校教育的各个领域、各个环节中，从人、时间、空间三个维度实现全覆盖，使高校思想政治教育与日常教育形成良性的互动，最终达到"立德树人"的教育目标。这就为高等教育内涵式发展奠定了良好的基础，即将思想意识教育、知识技能教育有机结合，从而实现了高校教育工作内涵的丰富与发展。在高校发展中，"三全育人"可以作为直接提升思想政治工作质量的路径，直接作用于高校的发展，进而推动高校教育实现"立德树人"的基本目标，助力高等教育内涵式发展。同时，在"三全育人"的推动下，高校可以获得思想政治教育方面的"思想"助力，为大学生提供更加全面且有效的教育服务，使其获得全面提升。这样的提升有利于高校发展，也更有利于高等教育的内涵式发展。

三、培育时代新人的有效路径

我国全面深化的改革和发展，使中国特色社会主义建设在人才方面的诉求更加迫切。此时，培养适应中国特色社会主义发展的人才队伍就成为高校必须肩负的责任。高校作为培养前沿人才的重要阵地，其在人才的全面发展方面也承担有重要的责任。高校的教育格局、教育理念也必须在社会发展、科技革命中进行调整，培养具有全面素养的人才，以适应社会发展与技术革新的诉求。这其中，思想政治教育就成为培养人才具备较高的"道德"素养、"政治"素养，获得精神世界发展的关键教育途径，可见，思想政治教育是学生全面发展的重要教育内容。从马克思主义的全面发展视角来看，人的精神世界的解放与发展是至关重要的，是人超越自我的重要基础。社会主义的发展目标是将人的发展与社会发展结合起来，通过人的自我发展推动社会发展，从而体现人的价值。

在社会化进程中，个体通过学习获得知识与技能，并在参与社会发展实践中逐步适应环境发展的要求，实现与社会的深度融合和同步发展。此时，自然人变成了社会人，个体与社会之间逐渐形成了紧密的关系，而人自身的价值也通过社会活动得以实现，并逐步实现了人的自我发展。对于个人的发展而言，只有准确掌握"自己与环境"的关系，熟悉"自我与他我"的关系，才能找准自己在社会中的位置。人的全面发展往往是潜在的，需要多方面的培养。这正如马克思在《青年在选择职业时的考虑》一文中提到的，"我们在社会上的关系，还在我们有能力对它们起决定性影响以前，就已经在某种程度上开始确立了"，这启示我们，人的培养不能仅仅着眼于当前，而应渗透到发展的全过程。

人的培养需要社会的熏陶。社会是实现人的全面发展的重要"场域"。反之，如果没有个体的存在，社会则不能成为真正的"社会"。人只有与环境充分融合，才能构成社会。社会失去个体的支持，将无法运行。可见，人与社会乃至人的发展、社会发展都存在相互作用的关系。其中，人是社会发展的重要基础，当个体期待与社会期待一致时，社会就进入了理想状态，即个体发展诉求与社会发展诉求实现了契合，推动了社会的持续进步。人的全面发展必须建立在与社会目标一致的基础上，只有这样，才能实现个体的持续性发展。任何背离社会发展趋势的情况，都会导致个体无法与其他个体相互接纳。每个个体在发展中都会形成差异化的价值观、道德意识，进而使个体对自我的发展与社会的发展的契合出现一定的认知偏差。此时，个体的发展或者行为意识就容易背离所处社会的发展诉求，从而阻碍自我与社会发展的契合。思想政治教育作为促进个体社会化的重要方式和路径，它依据社会发展的诉求来引导个体的思想意识、价值观念，预防完全背离的思想意识的形成，使人的思想意识的形成和发展顺应社会发展的诉求，促进个体发展与社会发展相融。这是思想政治教育的真正价值。

我国高校所培养的是社会主义体制的发展者和建设者，是社会主义理念的继承者。进入新时代，社会主义制度的优越性正在不断呈现，这也是每个社会成员自我发展与社会发展的契合。进入新时代，大学生对权威的态度逐渐由盲目的依赖、崇拜或者畏惧转向了冷静的观察和思考，甚至质疑和反对，对道德问题的解决和调适，更倾向于根据自己对道德法则的理解加以处理。在这种情况下，只有将思想政治教育与高校育人进行深度结合，将个人之小我融入群体、人民和祖国之大我之中，才能够使人才培养真正契合社会主义发展和个体发展的需求，才能体现社会主义社会的发展优势。这种融合能够促进个体发展呈现个性化、多样性，使个体发展不能脱离社会而独立存在。在这种深度结合中，个体发展的最大诉求就是获得社会认可。如果个体的发展顺应社会发展的规律和方向，则个体的价值就会得到最大化地呈现。如果个体的发展与社会发展的规律与方向相悖，则个体就会受到社会性因素的制约，不被社会发展所认同。，当个体发展与社会发展之间出现矛盾，个体发展和社会发展自然会受到阻滞。因此，培养适应社会价值体现且得到社会认同的个体，成为高校育人的目标，而思想政治教育则成为连接个体思想意识与社会价值体系之间的桥梁。它通过引导个体形成符合社会发展的思想意识和价值取向，培养社会主义的建设者和接班人。新时代高校"三全育人"的重点在于通过思想政治教育引导个体形成符合社会发展的主流思想认知和价值观念，实现个体发展与社会发展的契合。

第二章 高校"三全育人"的核心内容

第一节 高校"全员育人"的核心内容

办好教育事业，家庭、学校、政府、社会都有责任。"全员育人"作为新时代高校育人的一种模式，在应用方面具有一定的思维主观性，需要通过育人实践加以验证和发展，而这里所说的实践就是"全员"参与。从宏观层面看，"全员"既包括学生，还包括学生家长、学校教师、社会志愿者群体等。新时代高校"全员育人"实践实际上是打造学校、家庭、社会、学生四位一体的育人机制和效果。从微观层面看，"全员"就是高校的全体教职工。"全员"强调的是高校内各岗位职工都承担育人责任，要在实际工作中积极参与育人活动。具体而言，高校"全员育人"的核心内容主要有以下几点。

一、齐抓共管的"组织性育人"

"全员育人"是有组织地开展"育人"工作。马克思在《关于费尔巴哈提纲》中提出，"人需要借助实践的方式来证明自己思想的科学性和正确性"，这说明了人的思想要通过实践进行论证。高校中，不同岗位的教职工往往有着不同的工作职责。要实现"全员育人"，就必须将全体教职工有效地组织起来，借助岗位职能和岗位职责的划分来细化、拓展育人责任。新时代高校的"三全育人"实践，要求"全员"在正常开展本职工作的同时，要有针对性地开展思想政治教育工作。"全员育人"更多的地是要求每个高校的工作人员牢牢树立"三全育人"新理念，围绕大学生的成长成才开展各项教育和管理工作，并将思想政治教育与岗位工作、自身行为、思想意识结合起来，真正发挥引导学生思想认知和价值观念发展的作用。对于高校而言，有组织地开展"全员育人"，要重点从以下几个方面开展。

（一）强化组织领导和管理能力

新时代，高校在开展"全员育人"实践过程中，要建立由高校党委直接领导的、各级部门齐抓共管的机制，高校全体教职工应成为高校思想政治教育的责任人。要以高校党委为核心，发挥其在"全员育人"方面的核心领导作用，明确教职工的思想政治教育责任，切实将思想政治教育作为高校育人的第一要务，自上而下地开展有序的、有组织的工作。在具体实施中，高校应强调党委组织的领导和协调作用，强化组织的领导权、话语权，保障思想政治教育工作在组织的领导下得以顺利开展，避免因为"各自为政"的状况而失去"全员育人"的核心组织力。要将"全员育人"工作和行政管理工作结合起来，借助管理制度、思路、方法等为教职工指明"育人"的方向和职责，借助组织工作的规划和制度的指引来锻造党委的核心组织力，并使其辐射到各个岗位，确保组织性育人具备明确的目标和方向。

（二）增强学生管理部门的"育人"能力

在"三全育人"实践中，高校学生处、团委、社团管理等职能部门应切实落实"立德树人"根本任务。那些与学生接触最为紧密的教职工岗位，应当切实地将思想政治教育工作与学生的日常学习和生活结合起来，积极强化"组织性"意识的塑造。在大学生的管理中，要充分体现岗位职责的价值。例如，辅导员应强化自身作为教师和管理人员所具有的双重身份，努力提高自身的育人意识和育人能力，更好地发挥自己作为管理者和组织者的育人能效。

（三）强化教师对"全员育人"的理解

各学科的教师是育人一线的直接责任人，其应当明确自身作为教师在思想政治教育工作中的角色和职责。大学生上课的时间是相对集，中且大学生处于"学习"的状态。如果教师在教学中做到言传身教，则课堂教育可以达到"事半功倍"的效果。"全员育人"应将教师的力量组织起来，形成合力，这样可以使高校教育达到"事半功倍"的效果。同时，高校应有组织地对教师进行岗位责任落实方面的培训和考核，借助基层党组织的作用积极倡导学科"育人"理念，明确思想政治教育不仅仅是专职思政教师的责任，也是其他学科、专业教师的责任，强化教师对"全员育人"的理解。

二、专兼贯通的"全职性育人"

"全员育人"需要在高校内部形成人人承担"思政""育人"责任的氛围。

其中,教职工作为"师表",应承担起更加重要的育人角色。高校的每一位教职工都是大学生思想、文化、意识认知中的施教者,也是大学生学习科学知识、技能,以及道德规范、价值观的引导者和表率。从"全员育人"的角度看,高校教职工具有不可推卸的思想政治教育责任。每一位教职工都应成为专职或兼职的施教者,无论是专职思政教师,还是专业课教师,乃至辅导员,都应成为"职业"的思想政治教育施教者,这样才能够真正实现涵盖全体"教员"的"全员育人"局面。

在"全员育人"中,思政理论的专职教师应体现育人的先锋价值。从目前高校的教师结构看,高校思想政治工作的主要责任人是专职的思想政治理论课教师。但在实际的教学中,专职思想政治理论课教师还须亟待提升育人作用;部分高校仍存在师生比例失调、育人平台单一、教研育人比例过小等情况。在"全员育人"的引导下,高校应加强思想政治理论课教师队伍的建设,增加师资力量、平衡师资比例、提高思想政治理论课教师的专业素养,让教师有足够的精力和能力从事思想政治专业课程的研究、传授和辅导。"全员育人"需要专职思政课教师的引导,以便在理论课堂中体现专业课教师的价值。高校需要借助课程改革和教学方式拓展的机会,积极运用灵活的教学手段、生动的教学内容、丰富的教学形式,有效吸引更多大学生参与到思政课程学习中,进而发挥专职课教师的思想政治教育能力,使之在育人中起到带头作用。首先,要强化思政课程的社会化、实践化、生活化,扩大思想政治课程的覆盖面,实现思想教育与学生自我发展的有机融合。其次,要搭建网络课堂、组织课外活动等,有效弥补专职思政教师的课时局限性,使之在误外发挥自身的专业能力。最后,高校在专职教师培养中应重视思想政治理论课教师的培养和储备,通过进修、培训等提高教师的能力和水平,强化其教书育人的能力,使之发挥主力军和先锋的作用。

"全员育人"中,专业课教师也是不可忽视的"育人"力量。专业课教师不仅要高质量地完成自己的本职工作,还应承担起"隐性"的思想政治工作,切实将思想政治教育的理念、思想融入专业课程教学中,并做好"道德"表率作用。高校专业课教师应成为兼职的"思政"教师。在"全员育人"的指导下,高校专业课教师要改变过去专业课教师的专职理念,打破只有专职"思政"教师才能开展思想政治教育的固有思想。专业课教师不应只守着自身的"责任田",而应为高校育人付出更多的实际行动。在全国思想政治工作会议后,"课程思政"成为高校专业课教师在育人方面主要遵循的理念和模式,而该理念本质上是一种专业课教学观念，即"在专业课中挖掘思想政治教育元素"。在专业课教学中，教师要引入思想政治教育的各种元素，立足本学科拓展育人眼界，发现本学科中的思想政治教育资源。思想政治教育也成为专业课教师的重要职责。专业课教师应从"全员育人"的角度消除原有的学科界限，在专业课程的教授中融入思想认知和价值观念的引导，实现思想政治教育与专业课程教学的融合。专业课教师还应利用各种方法提升大学生的思想水平、政治觉悟、道德修养、人文素养。"课程思政"的重大突破在于"课程"，即将思想政治教育从原来的思想政治课程延伸到了包括思想政治课程、专业课程等在内的所有课程之中，强调高校所有课程教学的首要目标在于培养学生良好的世界观、人生观、价值观。"课程思政"就是动员专业课教师参与到思想政治教育和高校的育人中，充分发挥其在"全员育人"方面的影响力和价值性，丰富专业课教师的育人职责。

高校在进行"全员育人"的过程中，辅导员的全员育人能力应得到加强。随着社会的不断发展，面向高校大学生的思想辅导工作量也随之增加。进入 21 世纪以来，党和国家对大学生思想政治教育中的辅导员工作的重视度与日俱增。早在 2006 年，教育部就发布了相关要求，对辅导员在高校教育方面的重要地位进行了明确，强调辅导员承担着教师和管理者的双重职责，辅导员即是管理人，也是教师。在"全员育人"过程中，辅导员不仅要完成教育任务，引导大学生的思想成长和观念发展，使其明确自身的责任和义务，树立远大理想，养成良好的道德修养，而且要履行管理职责，通过管理制度落实以及切实的服务工作，为大学生的生活、学习提供必要的保障，积极协调资源，为大学生在学校的生活提供帮助。高校辅导员的主要工作不但包括为学生的日常生活、学习提供帮助和指导，同时也包括培养学生正确的思想意识。在日常的教育和管理工作中，辅导员应充分发挥自身的"育人"责任。

在"全员育人"的理念下，思想政治教育教师、专业课教师、辅导员等高校教职工应具备思想政治教育的基本意识和素养。无论专职教师，还是兼职教师，都要成为"全员育人"的责任人，都要对大学生实施言传身教，通过日常的教育教学活动对大学生进行显性教育和隐性教育，使各类课程与思政课程同向同行，逐步构建"全员育人"的格局。

三、整体联动的"协同性育人"

"全员育人"要求高校要注重多主体的协同性。恩格斯曾指出，新力量的产生，是许多人协作，许多力量结合的结果。在新时代，高校的"全员育人"实践不仅仅是要求全体教职工从个体上实现育人意识的提升，单纯地让教职工个人开展思想政治教育，显然不能使高校教育达到"全员育人"的效果。高校只有全员"协同育人"，才能实现育人的目标。高校的教育体系是完整的、多角度的服务大学生的教育体系。在高校教育体系中，扮演教育角色的人员不仅包括专业课教师、辅导员，还包括管理人员、服务人员。在"全员育人"体系下，高校的专职思想政治理论课教师负责学生在课堂和课外的思政学习和辅导，这是大学生思想政治教育的主力军和先锋队伍；学科教师则要充分发掘课程中的思想政治教育元素，将其融入专业课程的教学之中；辅导员作为大学生日常思想政治教育的骨干力量，他们贴近学生生活的辅导和引导，往往可以达到事半功倍的育人效果；承担教育教学管理和服务的教职工则可以从本职工作中寻找进行思想政治教育的切入点，在完成本职工作的同时，积极配合其他教师开展思想政治工作。新时代的高校"三全育人"要求上述育人主体应在高校教育体系内形成有效的协同性力量，以获得最佳的育人效果。

实际上，高校的专职行政人员虽然人数不多，但是他们也直接或者间接地影响着大学生的学习和生活，对大学生的思想认知和价值观念的形成、发展产生全面而深刻的影响。经过长期的发展，高校行政系统已经相对规范，并有了明确的职责划分，这种职责分工实际上已经明确了他们自身的思想政治教育责任。

科研部门要遵循"科研育人"，将育人融入科研立项、科研研究和科研成果运用的全过程。招生就业管理、社团管理、团委等部门则应重视"实践育人"，通过招生就业、社团等实践活动整合思想政治教育实践的资源，丰富育人方式，让大学生在实践中提高自身的综合素质，接受先进思想和意识的洗礼。

党委宣传部、学工部、后勤单位等部门，要做到"文化育人"，积极在高校内部开展独具特色的文化活动，营造良好的思想政治教育文化氛围，将中华优秀传统文化和人文精神融入大学生的日常学习和生活中，从而达到"文化育人"的实际效果。网络管理部门要落实"网络育人"的相关工作，建设好学校网站，用好网络工具，提升大学生的网络文明、安全意识，达到网络育人的效果。大学生资助、心理健康中心等部门，不仅要提高资助育人、心理育人的针对性，积极引导学生树立自信、自强的意识，而且要在帮助大学生解决实际问题的同时，促进大学生健康人格和价值观的形成。各级党委组织和群团组织则要充分发挥自身的育人保障和联系纽带功能，积极协调各部门之间的育人关系，提升和优化"组织育人"的能力，充分发挥党组织的领导作用。

高校其他行政部门应从学校的规章制度以及相关规定出发，梳理各岗位工作的思想政治教育元素，培养和引导行政部门的管理者，规范管理和服务行为，通过自身的行动来强化"管理育人"的效果。另外，高校的后勤保障部门也不能忽视自身承担的思想政治教育职责，要对科研活动、教育活动、学生生活、学生学习等与育人相关的活动开展提供全方位的保障和服务。后勤服务人员是高校教育体系中不可缺少的组成部分，在保障学生的学习、生活和教师的教学工作方面都发挥着重要的作用。目前，高校的后勤保障部门的主要职能是统筹包括医疗、水电、饮食、图书管理、安保服务等在内的学校相关后勤工作。高校后勤服务人员作为具有一技之长的人员，虽然没有直接参与到学生的日常教学中，但与学生的接触也较多，因此，后勤服务人员也应成为"全员育人"的力量之一，积极承担起育人的职责。

在高校的"全员育人"中，后勤部门可以通过分析和梳理服务内容，明确后勤岗位中的育人元素，鼓励学生节约粮食、水电等关于节约资源的"思政"教育与本职工作相结合，引导学生形成良好的生活和学习观念，推动节约型校园、绿色校园建设。在图书管理方面，应为学生提供全面的信息资源，倡导文明阅读、保护知识产权，提升学生尊重知识意识。在医疗卫生方面，应做好卫生防疫、生理健康、精神卫生等知识的宣传工作，积极组织学生进行培训，使其掌握急救、公共卫生等方面的知识。同时，要培养学生掌握相关的自救和抢救能力，提高学生自身的安全防护意识和能力。安全保卫部门应积极开展法治教育，不仅要保障学校内部的安全，更应积极地提升学生的自我保护意识，积极宣传安全、法治观念，让学生逐渐具备良好的守法、守则意识，并提高大学生自我行为的约束能力。总体来看，后勤服务部门所践行的是"服务育人"的相关工作，应借助自身的专业技术、服务特长，做好服务，并起到表率作用，真正引导和促使大学生形成良好的思想认知和价值观念，达到"育人"的目标。

第二节　高校"全程育人"的核心内容

　　量变是连续的、渐进的，质变是间断的、飞跃的。对于育人而言，"全程育人"实际上是量变，只有经过全过程的关注和实施，才能够达到最终质变中的人才培养成果。"全程育人"是从时间维度指导高校思想政治教育工作的开展。高校的思想政治教育不能停留在特定的时间内，也不能局限于课堂、学校，应贯穿大学生入学到大学毕业的整个大学生涯乃至就业初期。"全程育人"要求高校从学生入校到毕业离校，始终进行思想政治教育，并且这种教育要融入课堂内外、在校与假期的各个时间节点之中。而且，"全程育人"要求高校按照不同的教育阶段进行多手段、多维度的思想政治教育，从而形成持续的教育过程，最大限度地提升大学生思想政治教育的连贯性和有效性。

一、"从课堂到课后"的全程育人

　　"全程育人"首先打破的是课堂和课后的时间断层。课堂上，强调和实现的是课程育人的功能，在思政课以及专业学科课程中都应做到思想政治方面的教育。事实上，课堂教学的过程也是育人的过程。在课堂教学中，教师通过知识传授与价值引领，实现育人的目的。这里强调的课堂并非是专业的思想政治理论教育课堂而是学科课堂，即应充分发挥相关学科的隐性思想政治教育功能。在强调课本知识学习灌输的同时，专业课教师应积极在课堂教学中融入相关的思想政治教育元素，让学生在课本知识学习中和教师传道授业解惑的过程中获得思想认知和价值观念的启迪，实现课程育人的效果。在课堂上，由于学生的思想相对集中，教师应在专业课程教学中积极拓展育人内容，通过知识传授，使学生明确专业学科的科学原理，并通过丰富的教学内容来启发学生的思维和意识，从而获得隐性的育人效果。因为课堂学习贯穿大学生的整个学习生涯，所以课堂是"全程育人"的关键环节，高校应关注大学生素质能力的提高，明确不同学习阶段的学生应当实现的思想意识的层次改变。因此，高校要有针对性地引入思想政治教育元素，将知识传授、成长阶段、思想政治教育三者结合起来，形成互动和融合的效应，保证课堂上思想政治教育目标的实现。

　　大学生的课外生活较为丰富，而且大学生崇尚相对独立和自主的个性，这就决定了高校不能忽视对大学生的课外生活开展思想政治教育。实际上，在长期的教育实践中，高校普遍重视大学生的课外校园活动。不论是有组织的校园活动，还是自发的社团活动，都是对大学生"学习"的重要补充。这些活动是提升大学生思想认知和价值观念的重要途径。高校应重视大学生课后的思想政治教育，只有积极开展思想政治教育活动，才能实现"全程育人"的效果。例如，高校要积极开展具有本校特色的课外文化活动，培养大学生健康向上的精神，将思想政治教育融入到校园生活中，达到隐性教育目的。高校要通过营造良好的校园活动氛围，陶冶学生的文化情操和思想认知。这里需要注意的是，校园活动与课堂教育要形成连贯的、持续的教育互动，实现从课堂到课后的过程衔接，让大学生的学习和生活真正融入"全程育人"中。高校应积极发挥校园社团的活动组织作用，在丰富的社团活动中融入思想政治教育元素。首先，要从社团的种类、内容等入手，引导学生开展积极向上的社团活动。其次，要发挥校规、制度的规范作用，让社团有序开展有益于大学生身心健康和价值观念发展的活动，以丰富校园文化活动。最后，高校应重点关注校园网络文化建设。在"互联网＋"的环境下，课后活动已经不再局限于校园活动、社团活动，网络文化以及相关活动已成为"全程育人"中需要关注的"课后"活动。总之，高校应积极优化思想政治教育的方式，根据学生的思想观念发展状况，进行科学的引导和精心的培育，使学生能够形成良好的政治素养和价值观念，真正实现"全程育人"的目的。

二、"从学习到生活"的全程育人

　　学习是大学生的首要任务，"人生的扣子从一开始就要扣好"。高校在落实"全程育人"中，必须要遵循思想政治工作规律、教书育人规律、学生成长规律；必须强化学习对于育人的功能，切实将思想政治教育融入学生的日常学习。正如前文所述，课堂是第一思想政治教育阵地。在实现"全程育人"的过程中，高校应将思想政治教育与学校整体工作结合起来，利用高校的各类平台和载体形成整合力量，达到协同育人的效果。高校要深掘各学科、各专业中的思想政治教育元素，将其融入课程之中。高校的思想政治教育既要有深度，又要能够被大学生所认可和接受，并促使他们将这些教育内容进一步转化为他们的价值观、行为方式，从而有效发挥其育人作用，大力推进高校"全程育人"的落实。在学生的学习过程中，高校除了深挖各门课程的思政元素以外，还可结合各种途径与方式将育人资源始终贯穿课堂教学。另外，高校应积极组织大学生参与社会实践活动，应在大学生参加的各类社会实践活动中有组织地开展思想政治教育，使大学生学习和获得与自身专业发展相关的社会经验，在实践中实现能力的提升以及思想的转变。

生活是大学生获得思想启迪的重要途径。"全程育人"所呈现的是时间上的育人持续性，自然也囊括学生学习之余的生活时间。其中，家庭、社会就成为其思想政治教育的重要阵地。除了学校以外，家庭是大学生"全程育人"的另一重要阵地。大学生除了学习生涯是在学校度过之外，有很大一部分的时间是在家里度过。家庭教育对大学生具有根深蒂固的影响。在不同家庭背景下，家庭教育除了对学生的生活习惯、行为方式产生重要的影响之外，还会对学生的价值观念产生深刻的影响。因此，高校要主动与学生家长保持经常性的沟通，建立长效的联络机制，建议家长重视家庭教育，努力树立家庭美德，营造良好家风，促使家庭教育成为学校思想政治教育的有利助手和重要推手。

"全程育人"还包括社会层面的思想政治教育。大学生的生活不能脱离社会的影响，毕竟人际交往、业余活动都不能脱离社会环境。从以往的教育经验看，不论家庭、社会，还是高校自身，都普遍把大学生的思想政治教育当作是高校自己的事情，在一定程度忽视了社会环境的教育功能，从而导致了一些学校没有主动与家庭、社会建立长期有效的联系，也没有形成思想政治教育合力，没有开发社会环境中所蕴含的思想政治教育资源，或者开发得不充分，联系得不紧密。大学生在学校中受到的思想政治教育与他们在社会环境中所受到的教育不相协调，甚至产生相左的情况。"全程育人"要求高校将大学生的学习和生活有效地贯穿起来，形成连贯的时间线，完善大学生的成长历程。因此，高校应重视社会层面的育人元素，从大学生的社会生活入手，积极引导其形成良好的社会交往习惯，树立正确的道德观和价值观，利用各种良性的社会资源，引导大学生进行社会实践活动，并将其与学习中的社会实践相结合，形成完整的育人过程。

三、"从入学到毕业"的全程育人

"全程育人"从纵向的思路，将大学生的学习生涯贯穿起来，从整体上抓大学生的思想政治教育，实现其"知与行从旧质到新质循环往复、螺旋上升"。随着学习阶段的推进，大学生的知识储备、思想认知、价值判断等会发生变化。大学生在各个阶段呈现的思想状态、心理特点也都会存在明显的差异。随着大学生接触社会的机会增多以及临近就业，大学生的思维模式以及意识形态等方面必然会发生改变。"全程育人"从这个视角出发，主张实施阶段性的、差异化的思想政治教育。"全程育人"要求高校按照不同的阶段设定不同的育人目标，有针对性地开展思想政治教育，实现思想政治教育的育人目标。

对于刚刚进入大学的一年级学生，考虑到其对大学生活相对陌生的实际情况，"全程育人"的重点应放在入学教育上，重点教育学生养成端正的学风，增强遵守纪律的意识。高校要借助各种迎新活动开展专题教育，引导大一新生转变角色、转变思想，适应大学生活，形成独立意识，养成积极乐观的心理品质和勤勉好学的学习意识。对于大二、大三年级的学生，高校的教育应围绕学生成长与发展进行引导。成长教育是建立在学习和生活的基础上的，高校要注重锻炼学生的能力，提升学生的素养。高校要强化学生的专业课程学习，鼓励和动员学生参加各类社会实践活动。大学生既要提升自己的专业知识和专业素养，还要努力适应社会，增强独立意识，拓宽视野眼界，完善人格修为。同时，高校应重视对学生坚韧意志、创新能力的培养，使学生在学习和生活中面对困难时，具有自信、自强的主动意识。高校要促使学生在学习中进行专业的目标和职业规划，在生活中提升自己的独立能力以及道德意识等，为踏入社会后的发展打下良好的基础。对于毕业年级的学生，高校对他们的思想政治教育应侧重于职业性教育，突出毕业、就业教育方面的内容。这时，高校要将责任、职业操守、风险、德行等意识纳入思想政治教育中，让即将进入社会的大学生具备明辨是非、遵守职业操守、讲求职业道德的意识。毕业阶段的思想政治教育必须与人的发展和社会核心价值观接轨，要增强大学生的意识，促使其主动向社会人转变，这样才能培养出适应时代发展的社会主义建设者和接班人。

在具体的"全程育人"中，高校应有计划地组织和开展各项有益于大学生发展的活动，要针对不同学年阶段的学生开展相应的活动，实现"全程育人"的目标。高校要积极地将各项育人内容与过程结合起来。例如，定期开展专项党团活动、公益实践、主题辩论会、主题班会等。高校要积极组织专题文化活动，借助各种专题文化活动来营造校园育人的良好氛围，有效引导大学生在不同学年阶段增强自身的道德修养和责任意识；要借助学术和科研活动，组织大学生进行学术交流，引导不同学年阶段的大学生开展自我总结和交流，将学术研究与大学生的日常学习、生活结合起来，强化科研育人的实效。高校要丰富大学生的课余生活，借助社团、特色文化节、艺术节等活动，组织大学生开展喜闻乐见的文化活动，突出高校的文化育人作用。高校要补充大学生日常学习中缺少的必要文化元素，营造良好的学习和生活风气，使不同学年阶段的大学生能够获得差异性的思想政治教育。各种大学生心理危机事件都证明了当代大学生的心理健康问题日益增多。大学生心理健康与生理健康同样重要，学校要加大心理健康教师配备比例，引导学生树立积极乐观的健康心理和学习生活态度。高校还要开展各种户外体育活动，借助体育比赛、户外拓展等来帮助学生舒缓学习压力，并提高学生勇于克服困难的自信心和生活态度。高校要积极做好关于网络的思想政治工作，针对不同学年阶段的学生对于网络的关注点的差异性，营造"全过程化"的网络育人环境。高校要针对不同学年阶段的大学生设定相应的资源平台，借助微信、自媒体等渠道，强化针对性的宣传，为大学生提供正向引导的信息和资源，满足大学生对网络资源的需求，实现思想政治教育网络环境建设。例如，提供关于校园方面的认知内容，满足大一新生的诉求；提供专业学习内容，满足大二、大三学生的诉求；提供就业引导、职业规划、技术前沿等内容，满足毕业年级学生的就业创业诉求。

四、"从学业到就业"的全程育人

道不可坐论，德不能空谈。高校育人的目标是培养为国家和社会发展做出贡献的高素质人才。这里的高素质不仅体现在专业知识、专业技能方面，更体现在思想意识和道德素质方面。具备"德行""爱国"等良好的思想认知和价值观念的大学生，才能被国家和社会所接受，也才能发挥其在知识和技术领域的能力，最终成为品学兼优的社会主义建设者和接班人。"全程育人"注重时间维度的"全覆盖"，即大学生从入学到毕业、就业，始终都应在"育人"的体系之中，接受完整、系统的思想政治教育，形成良好的价值观，适应自身发展和社会发展的双重诉求。从"学业到就业"的育人重点关注学业和就业之间的角色转变，实现了"全程育人"的社会延伸。

第一，学业初始阶段：大学生从被动学习转变为主动学习和自我发展阶段。刚刚进入高校的大学生，逐渐进入了自我发展的初始阶段。以往的被动学习模式已不适应大学的学业情况，生活环境也发生了改变，这就需要大学生独立面对新的学习、生活、社交等情况。高校在思想政治教育中应加强对学生独立意识的教育和引导，使学生逐步具备良好的独立生活和社交能力。该阶段的育人重点是让学生激发自身的独立意识，积极适应学习和生活发生的改变，具备发展的意识，让学生明确自身的发展目标，并愿意为之努力。例如，高校应开展各种社会活动，引导学生进行有益于学业和认知拓展的社会实践，让学生看到知识的价值，并拓展学生的社会眼界。在学习和社会实践中，高校要让学生认识到自身在专业能力、思想认知方面的不足，使学生不断完善自己的职业规划，改变自己的生活态度，逐步树立职业人、社会人的思想意识。

第二，就业准备阶段：大学生从学习中发展就业意识的阶段。大三、大四阶段的大学生已经开始关注自身的就业方向，有的准备考研，有的准备创业，有的准备就业。这时，虽然学习仍是主线，但大学生开始为自身的发展选择学习内容和方向。在这一阶段，高校应得职业规划、生活规划等内容纳入高校思想政治教育内容。高校应开展有序的就业教育活动，通过社会实践、实习、科研等，开拓大学生就业的视野，使其积极地从专业出发做好职业规划。同时，高校要强化学生的爱国主义情感，以及政治意识、法治意识、道德意识的教育，帮助学生确立符合社会主义核心价值观的自主发展观念，引导学生强化社会责任意识。尤其是，对大四阶段的学生，高校思想政治教育更应着重强调就业、创业、社会适应、诚信、法制等教育内容，要培养学生树立困难意识、自强意识，使其在思想上和心理上具备足够的承受能力，为就业打下良好的认知基础、心理基础和思想基础。

第三，就业初期阶段。目前，有学者提出了"后大学"阶段，即大学生进入社会后的初始阶段。这意味着高校思想政治教育并未完全结束。从思想政治教育的角度看，大学生在进入社会之初，仍然会受到高校教育的持续性影响。因此，高校更应做好毕业生的持续教育工作。例如，可以通过开展返校活动、校友活动、科研活动等来持续引导和帮助学生。高校应主要针对大学生进入社会后面对的择业、职场、生活等问题进行科学引导和处理。"全程育人"不能仅仅局限于学生的学业，应将就业初期的教育也纳入其中。一方面，高校应积极做好学生就业方面的引导和后续的跟踪指导，关注就业学生的发展和思想转变，借助校园网络或者校友活动等引导学生积极面对生活和工作方面的困难，使其树立自我发展意识，消除大学生初入社会时产生的生活困扰和职业焦虑；另一方面，高校应积极进行就业调查，针对毕业生在职场的学习乃至生活状况进行相关信息的采集和分析。例如，高校可以对就业初期的大学生的专业能力、学习能力、人际沟通能力、团队协作能力、实践能力、创新能力、分析能力、解决问题能力、执行能力、表达能力、组织协调能力、情绪管理能力、时间管理能力、领导能力、吃苦耐劳精神、责任心、诚信度等进行详细调查。高校应将调查获取的信息进行综合分析和研究，为高校的学业组织和规划、思想政治教育提供数据支持，并积极完善学校的就业指导工作，强化职业规划、就业指导的针对性。尤其是，思想政治教育内容的设计，应根据社会反馈情况进行相应调整，逐步实现"全程育人"的目标。

第三节　高校"全方位育人"的核心内容

学校思想政治工作不是局部的工作，而是全方位的工作。"三全育人"要形成全员、全过程、全方位的育人格局，切实提高工作亲和力和针对性，着力培养德智体美全面发展的社会主义建设者和接班人，着力培养担当民族复兴大任的时代新人，要充分发挥课程、科研、实践、文化、网络、心理、管理、服务、资助、组织等方面工作的育人功能。这为新时代高校的"全方位育人"提供了具体的方向指导，也拓展了新时代高校全方位育人的思路。实施"全方位育人"的核心内容主要包括以下几方面。

一、课程育人：同向同行的"知识信仰"

课程育人是高校育人工作的重要环节，也是基础育人体系。大学阶段的学生仍然处于学习阶段，高校育人任务的实现仍然集中和依托于课程。课程育人的核心理念就是将中国特色社会主义的思想、理论与教材、课堂结合起来，实现"课程思政"的目标。高校应提高课堂教学质量，优化课程设置，更新教材教案，完善教学设计，将思政课与专业课有机结合起来，形成思想政治教育课程与其他学科课程的融合与互动，从而实现课程育人的目标。总结其核心思想，就是在大学生的思想意识、学习意识中建立同向同行的"知识信仰"。马克思在《〈黑格尔法哲学批判〉导言》中提到，理论只要说服人，就能掌握群众；而理论只要彻底，就能说服人。所谓彻底，就是抓住事物的根本。

高校思想政治理论课程教学的开展应正视当前大学生的学习诉求。当前，我国高校开展思想政治工作正面临着包括中西方文化碰撞、西方思想渗透、功利主义盛行等一系列新挑战。因此，高校要把思政课放在世界百年未有之大变局、党和国家事业发展全局中来看待。高校要实现课程育人，就必须面对挑战，关注当代大学生的思想动态，适应社会环境和时代背景，完善优化思想政治理论课程教学，科学解释中国特色社会主义发展中的一系列焦点问题，开展有益于学生发展的教学活动，这样才能适应当代大学生的思想诉求，使思想政治理论课程真正成为实用的课程。同时，高校要充分利用思想政治理论课引导学生科学理解和掌握人类发展、社会发展的规律，确立良好的思想认知和价值观念。例如，在开展"毛泽东思想和中国特色社会主义理论体系概论"这门课程时，教师就要对相关的理论内容进行解释和补充，使学生更深刻理解毛泽东思想和中国特色社会主义理论体系。如今，新一代党的领导集体为中国特色社会主义理论以及思想进行了丰富和创新，这些思想是与马克思主义理论、毛泽东思想等科学理论相关联的，是一脉相承的。高校要使学生能够从本质上认识中国特色社会主义思想是辩证唯物主义的实践成果，是根据社会发展以及国际形势变化进行丰富和创新、是理论与实践相互作用的结果。同时，思想政治理论课教师在实际教学中，应重视理论与实践结合的"时代性"特点。关于教育，马克思提出"生产劳动和教育的早期结合是改造现代社会的最强有力的手段之一""我们可以把教育理解为以下三件事：第一，智育；第二，体育；第三，技术教育"。这说明，开展教育要与实践性活动结合。高校要在教学中突出理论对实生活、学习的指导价值，着眼于现实，将教学内容与时代、社会的发展状况结合起来，这样才能让大学生真正体验到思想政治教育的价值所在。在教学中，教师要将新时代发展的话题、热词、焦点与教材充分结合，为学生提供有效的思想政治理论知识，满足大学生的学习成长诉求。这就像上海部分高校开展的"大国方略"系列思政课的成功实践一样，通过思想政治理论与现实的结合来增强思想政治理论课教学的现实性。在"全方位育人"方面，这样做一方面能让大学生感受到"知识"的价值，在意识中形成"知识信仰"，坚持运用马克思主义、马克思主义中国化的理论成果去应对各种社会变化带来的负面影响，坚定相信党所指引的中国特色社会主义发展道路。

从思想政治教育实践的角度看，大学生对于马克思本人有着明显的时空距离感。大多数学生只知其名，对其所处的时代，以及所做出的贡献并不完全了解和熟知。阅读和了解马克思相关著作的大学生则更是少之又少。大学生对于社会学理论、马克思主义理论等的了解也过于琐碎和模糊。因此，大学生在学习和生活中，对马克思主义等科学理论的实际应用就存在明显的不足，导致自身的价值观较为模糊、思想意识较为淡薄。这说明，在思想政治教育中，马克思主义、中国特色社会主义等相关理论并没有被全面且有效地传授。大学生对这些思想理论的认知也较为粗糙，这些思想理论对大学生日常生活和学习产生的影响也不深刻，这凸显了思想政治理论教学与大学生日常的生活和学习脱节的问题。解决此类问题的关键，就在于让大学生深刻理解马克思主义理论、马克思主义中国化理论的内容，真正掌握人类社会发展的规律，让大学生认识到这些理论的伟大和先进之处。同时，教师要将马克思主义理论加以深刻、全面地剖析，让大学生认识到《共产党宣言》等马克思主义经典著作在推动人类历史发展进程中发挥的决定性作用。通过对马克思主义理论的分析，以及与实践的结合，让大学生充分理解相关内容，明白马克思主义理论对中国特色社会主义发展的重要价值。同时，高校和教师要让大学生明白，对马克思主义的信仰，本质上并不是精神意识上的盲目崇拜，而是"知识信仰"，即科学地解释马克思主义，并将其与中国实践结合起来，达到理论与实践的统一，并从中获得向心力。只有在课程中突出"中国事""身边事"对于思想政治教育的价值，才能使大学生产生深度的认同感。大学生要明确思想政治教育与自身发展之间的关系，明晰教育与个人成长的关联性，要对教育和相关理论知识在实现个人自由、全面发展方面的重要性形成思想共识，由此形成一种同向同行的"知识信仰"，坚定地相信中国特色社会主义以及社会主义核心价值观可以引导自身的发展，实现自我的价值。

二、科研育人：敬畏真理的"科学精神"

人类的历史是一部关于创造的历史。从古至今，人类实现了无数的发明创造。这些创造，是在客观的、既定的、历史的条件下进行的创造。这说明人们的创造性是在掌握规律和方法的基础上进行的科学创造。对于高校而言，科研育人就是要在科研活动中培育大学生掌握规律和方法的能力。科研育人的价值在于，培养学生科学审慎的思维意识和辩证的思考方式。科学是推动人类社会发展的重要力量，各学科的发展正在不断地拓展人的视野和思考方式。科学精神是当代高素质人才必须具备的基本素养。敬畏真理的"科学精神"是促进科学活动开展的精神动力，是高校科研育人的使命担当。科学社会学家默顿（美）指出，科学发展有四条基本规范，即普遍性主义规范、公有主义规范、无私利性规范、有条理的怀疑精神，这也构成了现代科学的精神气质。

科研是人类探索未知以及实践求真的过程。对于大学生而言，科研是其获取、检验知识、技术和能力的重要过程。在科研中，大学生必须具备求知的心态、创新的精神、严谨的治学态度，以及求实精神；既要敢于怀疑，也要勇于求证，即使遇到失败，也能够勇敢地面对。科学精神和科学道德不同于一般的、可全盘传授的知识。科学精神是人在科学实践中不断积淀的精神底蕴，其可以让研究者在行为、态度、情感上实现升华，并在识别、判断、解决问题的过程中获得自身思想意识的提升，而这主要体现在科研、学习、实践中所获得的"意识和能力"。科学精神不能单纯地依靠知识积累来获取，必须在科研实践的反复打磨中才能形成。同时，科学精神、科学道德等隐性的思想意识，可以在言传身教中被感知和继承，即在科研过程中，科学精神虽然无法直接转变为知识进行传授，却可以在科研中被相互感知和学习。并且，主导科研活动的科研人员自身所遵循的科学精神，既是个体性的经验认知，也是人类社会发展中的规律凝结，具有个体性与公共性、思想性与行为性相统一的特点。因此，科研育人所传递的不仅仅是知识、技术、思维模式等，更是科学精神，是通过科学精神的传承、学习和升华。

科研育人，要求高校在严谨的科学实践和言传身教中让大学生获得基本的知识素养和道德意识，帮助学生树立真理意识。科研领域的诸多突破依靠的都是团队协作和不懈努力，其所形成的科学精神以及科学道德必然会影响身在其中的大学生，这可以使大学生对"真理""科学"等产生敬畏之心。高校要帮助大学生更加谨慎、科学地看待周遭的事物，帮助大学生形成科学的世界观、人生观、价值观。高校科研育人的主体是管理部门和教师队伍，其承担的主要使命是构建科研机制，形成完整的科研育人体系。在这一体系中，要努力保障各种规则的科学运行，使科研育人的目标能够顺利完成，并在具体实施中完成对大学生的有效引导和教育。

科研育人的直接价值在于促进参加科研工作的大学生改变陈旧的思想和不科学的行为习惯，使其在认识新规律、掌握新方法的过程中重新理解人与自然、人与人之间的关系。在高校的科研育人实践中，教师承担传道授业解惑的基本责任，是科研实践中完成思想政治教育的重要实施者，其自身的基本素养决定着科研育人的效果，教师也应在科研育人中学习育人理念、育人方法等。在科研育人实践中，科研活动是科研育人的载体。高校要借助科研项目、科研活动等营造良好的学校科研育人氛围，为大学生参与科研活动创造良好的机会，并鼓励教师、学生积极参与到科研活动中，激励教师开展言传身教，尤其是相关社会科学实践与研究更应扩大影响范围，增强学生的参与度。

科研是人与人的合作。一方面，在科研中，教师发挥的是引领作用，与学生一起发现问题、解决问题。教师、学生在相对自由的氛围中探究真理、真相，科学的精神也在相互影响和传递。另一方面，教师对学生有着重要的榜样和启发作用。大学生参与研究的过程也是传道的过程，学生会遵循教师的"模式"进行模仿、传承和创新。学生有时会对老师的观点或者做法产生很强的认同感，这不仅培养了学生善于思考及团结合作的品质，传授了将理论与实践相结合的科学方法，还确立了学生批判的立场，使学生形成良好的科学品位或科学气质。尽管在师承链中的一或两个人可能会坚持"背离剧本原稿"，但所有的学生显然已将科研中的精华内容熟记于心了。从这个角度看，科研育人所造就的是大学生的科学精神，也是其对于真理的敬畏之心，这也构建了大学生在思想意识方面的唯物、辩证价值观，自然也就可以改变大学生的思想意识发展，达到育人的目标。

三、实践育人：联系理论的"现实关切"

实践育人，要求高校要坚持理论教育与实践养成相结合。社会实践，是大学生经常参与的社会活动，这种活动既可以是高校组织开展的实践活动，也可以是大学生自己参加的校外实践活动。

从客观角度看，人类是在实践中不断提升自己的认识的。人类只有同客观事物接触，才能进行经验判断，形成对客观事物的认识，而只有经过实践，人类才能完成。这一认识过程大学生，参与的社会实践，既具备人类社会实践特征，又具备个体特征。大学生既要拥有丰富知识的"智"，还应具备德、体、美、劳，从而实现德智体美劳全面发展。实践育人是一种最佳的理论联系实际的育人方式。生活给大学生提供了丰富的实践条件，任意一项社会活动的参与都可以让大学生将"知识"与"现实"联系起来。从育人的角度看，注重对学生德育的培养，通过引导其学习和践行社会主义核心价值观，可以对学生进行科学的引导和教育，提升其道德水平。教育的本质是实现人的全面发展。这一过程符合社会发展规律和人的全面发展规律。通过理论和实践的联系，可以将抽象的理论现实化，使理论与现实之间产生直接的映射关系，使理论在现实中得到应用。同时，这样可以引导学生借助理论解答现实问题，借助科学知识揭示社会现象的本质，体现出理论的价值。大学时期是人生的重要阶段，是青年人踏入社会参加工作前的关键阶段。因此，大学生自然而然地关心理论对实践的价值，尤其是抽象的马克思主义理论和哲学观点，在现实社会中的价值体现情况。总之，实践育人可将学生的"现实关切"与相关理论挂钩，最终在思想意识上帮助大学生树立正确的世界观、人生观、价值观。

实践活动不仅仅是大学生对所学知识的应用，更是其与社会、他人融合的重要途径，是大学生综合素养提升的途径。高校思想政治教育工作要重视社会实践对大学生思想意识的影响，要借助契合大学生发展诉求的实践活动，来引导大学生实现思想认知和价值观念方面的提升。实践育人就是将社会实践作为大学生思想政治教育的载体，通过各种社会实践活动让大学生接触社会，在亲身参与和解决问题的过程中，确立良好的价值观和意识形态。当然，不同类型的社会实践对于大学生的全面发展往往发挥着不同的作用。社会实践活动可以使大学生主动地参与到各类活动中，并在实践中进行主动的思考，逐步改变以往灌输式的思想政治教育模式，形成以学生为主体的自我教育模式。大学生在社会实践活动中的行为表现，还可以更好地反映大学生的思想状态、价值认知，检验高校思想政治教育的效果，让高校及时地发现问题、解决问题，持续完善思想政治教育体系。因此，高校要认识到实践对教育效果的检验作用，积极借助社会实践发现问题，改善解决问题的方法与思路，由此形成良性的教育循环。

在实践育人中，高校应组织社区科普服务、公益服务等各种实践活动。高校应积极引导大学生主动参加各种志愿者活动，运用所学的理论知识和能力去积极服务社会，服务人民。实践表明，此类活动可以促使大学生积极贡献自己的智慧，服务社会，帮助特殊群体，并在参与社会福利、社会救助、社会保障等活动中获得直接而深刻的认知，并在实践中树立自身的"服务"意识，获得"助人"的快乐，从而提升自身的道德修养。

实践育人鼓励大学生积极参加创新、创业等实践活动。发展，是大学生学习的终极目标。各种创业类的实践活动可以充分满足大学生的发展需求，是被大学生普遍接受并积极参与的实践活动。近几年，随着网络技术的发展，"互联网+"背景下的大学生创业、创新活动备受青睐。高校应当鼓励学生积极参与创业、创新实践活动，鼓励学生积累经验、磨砺心志、寻求发展。需要注意的是，创业、创新本身就是知识与实践的结合。如何将科学理论与实践结合起来，实现自己的发展是大学生创业、创新实践的重要目标。在育人实践中，大学生可以在实践活动中获得艰苦奋斗、不怕挫折、相信科学的基本认知和体验，这就可以帮助大学生树立正确的世界观、人生观和价值观。

四、文化育人：安身立命的"文化自信"

关于文化的功能，恩格斯在《反杜林论》中提出"文化上的每一个进步，都是迈向自由的一步"，即文化可以促进人们更进一步迈向自由。文化育人，就是挖掘和发挥中国特色社会主义文化的育人功能，通过深入开展中华优秀传统文化、革命文化、社会主义先进文化教育，来引导学生理解、践行和弘扬社会主义核心价值观。文化育人的内涵主要体现在引导大学生建立对本国、本民族文化体系、人文精神的认同感，这是大学生参与社会生活和发展的安身立命之本。中国五千年文明传承所积淀的不仅仅是艺术、文化，更是中华民族的精神传承。当代大学生应当加强对本民族文明的认知，并在认知的基础上建立文化自信，即继承和发扬中华民族的优秀品格。文化自信是一个民族在文化方面具有的一种积极的精神状态。可以说，文化自信与思想意识之间有着直接的关联，拥有一种积极的文化取向，也是一种乐观的、理性的文化意识形态。文化自信建立在民族、传统、历史文化的基础上，大学生应对蕴含在民族文化中的价值观进行学习和践行，并对自身的民族文化有坚定的自信心。文化自信只有建立在传统文化、革命文化、社会主义文化的基础上，才能形成客观、自信的文化形态。

我国的文化自信不仅仅是建立在五千年文明积淀之上，更是来自探索和创新的实践中，来自中华民族伟大复兴的可期远景中。随着国家实力的不断增强，人民对精神文明的追求也在不断提高，中华文化也展示出磅礴的文化底蕴，在世界变革中呈现出了强大的魅力。这为塑造大学生良好的文化心态，使其在学习各种文化思想、文艺形式时，都可以以一种理性、和平、乐观、平等的心境去欣赏，并逐步形成当代中国人特有的文化自信。文化自信的先锋代表应该是大学生。大学生在对本民族传统文化进行传承以及弘扬的同时，可以对优秀的价值观念加以萃取和实践。比如，"仁、义、礼、智、信"、精忠报国、崇尚和谐等文化理念已经深深地扎根于每个中国人心中，成为在社会实践中所崇尚的时代精神和文化信仰。优秀的文化传承构成了中国人独特的意识形态和精神世界。从本质上看，文化自信对文化认同和文化价值观，以及人的意识形态都有深刻的影响。同时，文化中也蕴含着德行的指引和价值观的导向。关于价值观自信与文化自信的关系，沈壮海给出了相应的论述，即"价值观自信是文化自信之核"。实际上，文化自信的本质是一种价值观的趋同，即在似是而非的取舍之中，可以为人指引方向，使人保持正确的价值取向，笃定自身的文化信仰，使人可以更好地适应社会价值体系，更好地服务社会。

文化育人应与培育大学生社会主义核心价值观相契合，应强调优秀文化内容与社会发展诉求相契合，并借助传统文化、革命文化、社会主义先进文化之间的关联与结合，来促使社会主义核心价值观内化为大学生的精神追求，最终外化为大学生的行动自觉。文化育人所包含的"以文化人、以文育人"思想体现了文化传播的有效途径和知行合一的基本规律，有利于培养高校大学生的文化自觉和文化自信，有利于实现价值理念与行动自觉的有机结合。

具体来说，与文化育人所对应的教育模式主要包括以下几方面：

在群体方面，大学生应在传统、优良文化价值观的影响下，完成高等教育。要实现文化育人，就要强化民族的优良价值观，通过文化来育人的心智，包括大学生的思维方式，包括爱国、和谐、守信、仁爱等优秀的传统价值观，借助传统价值观的熏陶，让大学生树立与社会、民族、国家发展相一致的发展意识，这样自然就形成了符合社会主义核心价值观的"人文"意识，使大学生可以融入社会发展，在相同文化意识、文化价值观的社会环境中实现安身立命的目的。要实现文化育人，就要通过"以文化人、以文育人"，使大学生最终从接受文化到践行社会主义核心价值观，从而更好地实现自我与社会的和谐发展。

在个体方面，高校的文化育人还应积极突出改革创新精神，以及仁心友爱精神。大学生的学习和发展实际上也是自我成长的过程，这其中不能忽视大学生人本范畴的发展。因为个体发展是客观的，所以在文化育人中必须重视文化对个体思想意识的影响。我国的传统文化，非常重视关于个人自信的品格修养。例如，"仁、义、礼、智、信"理念等。这些思想意识所突出的是个人的优秀思想和人格修为，即在我国传统人文精神中，只有人自身的修为提高了，才能为国家、社会、民族的发展做出贡献，才能"修身齐家，治国平天下"。文化育人对于个体而言是十分重要，是保障个体发展符合国家和社会发展需要的重要基础，因此，文化育人能够提高大学生的基本修养。

从育人角度看，高校的文化育人应当做到海纳百川。文化育人是高校融合"人文"精神，实现教育目标的重要策略。文化育人符合大学生学习和发展的认知规律，可以拓展高校思想政治教育的理论维度。文化育人将个人价值与社会价值、民族价值、国家价值有机统一起来，能够有效了社会主义的发展，以及民族文化的发展。因此，文化育人必须突出文化、育人二者的结合，善用文化达到育人的目标。

五、网络育人：明辨是非的"言论责任"

"网络育人，就是大力推进网络教育，拓展网络平台，建设高校思想政治工作网。"网络时代的显著特点是信息的高速、高效传播。中国互联网络信息中心（CNNIC）发布的第49次《中国互联网络发展状况统计报告》显示，截至2021年12月，我国网民规模达到10.32亿，互联网普及率达73.0%。由于网络的普及改变了传统的教育模式，学生获取知识、信息的渠道不再局限于课堂和学校。当前，网络化已经成为常态，网络对于大学生的思想意识的影响也逐步加深。网络给高校思想政治工作的开展也产生了较大的冲击和挑战。基于网络在高校思想政治工作方面的影响，党和国家非常重视网络育人工作的开展，通过发布诸如《关于加强和改进新形势下高校思想政治工作的意见》《高校思想政治工作质量提升工程实施纲要》等文件，引导和督促高校加强互联网思想政治工作。网络育人，是高校思想政治教育的必然选择。思想政治教育必须顺应人本的诉求，满足当代大学生信息获取以及自我学习和发展的需要。

具体来说，网络育人要求高校应重点做好以下三方面的工作。

首先，营造高校网络育人大环境。在网络已深度渗透到大学生的学习和生活中的情况下，高校也认识到网络育人的重要性。然而，由于高校的网络育人在内容、方式方面缺乏广度和深度，只将传统的思想政治教育内容"搬到"网络空间中，认为这样就可以达到育人的目的。然而实践表明，这种方式并没有取得预期效果。实际上，在网络内容和网络行为日益丰富的情况下，高校的网络育人实践应当从"网络"出发，而不是从传统的育人思想和行为出发，要尝试建设一批在青年大学生中有影响力的新媒体平台，推出一系列新媒体原创产品，初步形成高校网络新媒体传播矩阵。高校要对大学生进行正向引导，使大学生可以在网络中接触到更多关于社会发展、国家发展、自身发展的正向信息，也使学生可以在网络空间中可畅所欲言、交流心得，在良好的网络大环境中不断提升高校网络育人的效果。

其次，强化法治意识。从道德、法治的高度对网络行为加以约束，明确网络不是法外之地，是网络育人面临的现实要求。大学生作为国家公民的一员，尤其是作为高素质、高学历的代表，更应在网络活动中谨言慎行。高校要积极倡导学生学习和践行社会主义核心价值观，同时，还应向学生灌输规范、责任的理念，即让大学生明白自己必须也必然为自身的言行负责，这其中既包括社会责任，也包括网络责任。作为高校育人体系中的基本内容之一，网络育人要求高校不仅要向大学生提供正向的信息，更应树立道德、法治规范，让大学生在网络中树立"底线"意识，让大学生在实际的网络活动中做到明辨是非，遵守道德底线。在高校网络育人中，言论责任是大学生思想政治教育的重要内容。大学生必须在虚拟世界中明确自身所肩负的社会责任，并通过思辨来判断并发表言论，而不是单纯地凭借"一己好恶"进行无端的指责、批判、攻击。网络育人的重要内核是"教人以理""育人以责"。高校要塑造大学生良好的网络价值观，借助环境帮助大学生形成明辨是非，形成为自身"言论"负责的意识，最终达到了育人的目标。

最后，将育人内容与网络工具结合。网络的本源形态是"工具"。高校只有善用网络工具，才能获得育人的主导权。高校网络育人更应看到网络的本质，借助网络技术来进行思想政治教育，鼓励更多的思想政治教育者利用网络进行育人。比如，教师可以通过有趣、幽默的短视频、微博来吸引大学生的关注，实现寓教于乐的效果。这样，高校借助丰富的网络工具，让枯燥、疏远的思想政治教育内容更接近大学生的实际网络行为，进而通过潜移默化的方式完成育人目标。

六、心理育人：奋进拼搏的"健康人格"

心理育人，就是要坚持育心与育德相结合，深入构建教育教学、实践活动、咨询服务、预防干预、平台保障"五位一体"的心理健康教育工作格局。心理引导是高校思想政治工作的重要组成部分。由于大学生容易受外部思想、环境、自身能力的影响，大学生的心理健康状况也会发生改变。由于高校扩招，大学生的人数增加，大学生所面临的生活、学业、就业、人际、社会、家庭等方面的压力和挑战也随之增多。厌学、焦虑、极端等消极行为已成为大学生人格完善的阻碍，大学生心理问题已成为高校教育的严峻问题。关于高校的心理健康教育，要以提高大学生心理素质为重点，加快培养大学生良好心理素质，提升抗压能力和心理韧性，这是高校创建心理育人新格局的重要保障。高校心理育人承担着塑造大学生健全人格的重要使命和责任。身心健康是大学生融入社会的重要"精神"基础。高校心理育人涉及人格的完善和发展，培养大学生具备良好的心理素质，让大学生更好地与社会融合，并发挥其自身的接班人价值。

心理素质与人格之间存在着紧密的关联。高校的育人工作应着眼于大学生的全面发展，其中，心理素质作为大学生需要具备的基本素养，自然也必须得到关注。"心理"是大脑对客观事物的主观反应，可以说，意识是心理发展的最高层次。因此，心理素质教育必然是思想政治教育的重要内容。将心理上升为意识，可以更好地让大学生明确自身的行动目标。心理活动是外在到内在的认知过程，是从内至外的情感上、意识上、思维上、行为上的意识体现。心理过程包括认知过程、情感过程、意识过程。在心理育人过程中，高校要激发大学生自身的认知、情感、意识，促使其形成完善的人格。大学生需要具备强大的心理承受能力，因为这种能力可以帮助大学生在今后的学习、生活、工作、人际关系发展中，遇到困难时，能够承受住压力，解决好问题。因此，高校心理育人的重要目标是培养学生较强的认知能力、情感承受力、应对压力和适应能力、决策能力以及解决问题的能力。

心理育人是对大学生的人格进行塑造的重要方式。心理育人强调将思想政治工作的出发点与归宿点都回归到学生，努力实现思想政治教育从少数特殊群体转向全体学生。正如前文分析中提到的，马克思主义倡导人的发展是自由而全面的发展。人需要具备健全的思想和人格，人的全面发展不仅仅是能力的发展，更是思想意识的全面发展。从人本的角度看，人格是人的思想意识的体现。个体不断的自我发展并与社会相适应，就是人格塑造的过程。人追求发展的极致是人格上的自我完善，以及社会的认可。如果人的自我品位、价值观、思想意识被社会所认可，则其在人格上也实现了完善。马斯洛需要层次理论也表明，追求自我实现，是人的最高价值和需求追求。

人格是人的本性体现，也是世界观、价值观、人生观与人的发展的融合。人格是指个体在对人、对事、对己等方面的社会适应中行为上的内部倾向性和心理特征。人格是人与周遭事物之间的互动和和谐发展。心理育人的目标虽然是对大学生的心理加以干预，但是其指向的则是对学生人格的影响。心理健康与人格健康之间也存在必然的关联。从本质看，心理育人是对人格的良性塑造。例如，高校引导大学生形成"拼搏奋进"的心理意识，促进了大学生"健康人格"的形成。而从思想政治教育的角度看，心理育人是对大学生心理素质、健康人格的直接影响和引导，如果心理育人解决了大学生的心理障碍，则可以提升其心理素质，使其可以更好地完善自己的人格。

培养德智体美劳全面发展的社会主义建设者和接班人，是心理育人在新时代的价值旨归。人格塑造，是人成为理想人的基础。"健全的人格，是保证大学生未来发展的根本。"作为未来社会主义的建设者和接班人，大学生必须具备良好的人格、心理和健康的意识形态。高校应塑造大学生完善的人格以及正确的意识形态，使其具备全面发展的基础。高校应借助德智体美劳的综合素养教育，使大学生具备良好的知识储备、技术能力、思想品德、健康体魄，在未来的社会发展中发挥应有的作用。高校要借助科学的方法提升大学生的综合素养，使大学生形成正确的世界观、人生观和价值观，并保持为社会主义发展做贡献的积极态度。

七、管理育人：遵守规范的"公共意识"

管理育人，是高校通过管理手段进行人才培育。管理是客观约束机制，是对社会行为、个体行为加以约束的重要活动。社会是有个体和组织单元构成的，任何个体与组织单元都不能脱离必要的制度和管理活动而存在和发展。在管理学领域，"管理"被认定为一种人类文化活动，而文化活动本身就有教育意义。可见，管理具备先天的教育价值和职责。在育人实践中，高校的管理育人也应与高校的育人系统结合起来，充分体现管理育人的教育价值。

对大学生而言，高校是一个微观的社会整体，其中包括了生活、服务、管理、教育等诸多社会活动。大学生的生活不能脱离高校管理而独立存在，而在高校管理中，各种管理行为就成为约束大学生行为、意识的重要途径和方式。对大学生而言，无论是生活上，还是学习上，都必须遵守高校的管理规范。高校在管理育人实践中，要让大学生明确生活与规范之间的关系，明确遵守规范是一种公共行为。一个人的违规行为所导致的不仅仅是个体的损失，也是对集体、他人利益的损害。管理育人就是从这个视角出发，从规范入手，教育大学生明确自身的权利和义务，也明确自身的责任和公共底线。在管理中，教师与学生的人际关系是学生在社会化过程中形成的初步经验。在此基础上，学生逐步形成的对他人、学校、社会和政府的基本印象和看法，将其产生深远且持久的影响。管理育人强调的规范意识自然也就可以在高校中对学生产生积极的影响，遵守学习纪律、遵守生活道德规范，可以促进大学生"公共意识"的养成，使大学生明确自身即将成为社会一分子，明白自己必须遵守国家法律、社会生活道德标准。

在管理育人过程中，教师要起到表率和执行的作用。教师是管理育人的主体之一，自身的行为规范以及言谈举止都会影响到大学生对规范意识的理解和认识。教师必须突出规则、规范的公正、公平性。如果教师能做到公平、公正，就会让学生真切体会到公平正义，形成良好的师生关系，为学生创造良好的师生交往体验。因此，教师应在言传身教中，展现自身对"规范"的认知和敬畏之心，这样自然可以影响到大学生对管理规范的遵守意识，从而使大学生形成"公共意识"，遵守校纪校规，养成良好的道德意识。

高校的管理者应对本校的管理状况、特征、育人诉求等情况进行全面调查、分析和预判。在管理育人实践中，管理者应根据本校的实际情况，进行管理改革和创新，在保障学校各项工作顺利开展的同时，持续强化管理的规范性，为教师、学生、学校的发展提供多样化的管理创新支持。管理者要将管理规范作为基础，将管理措施作为方法，在明确管理规范生的同时，提升管理的文化影响价值，塑造本校良好的教风、学风、校风，让大学生在管理中体会到规范、守纪的重要性，进而促进大学生思想意识的发展。

管理育人要求高校应明确管理是营造大学生成长与发展的物质和精神条件，明白良好的管理可以帮助学生舒缓压力、放松情绪，使其在形成规范意识的同时，也可以形成良好的"德行"意识。例如，可以做好物质环境包括环境治理、设施管理、环境控制、寝室环境管理等方面的管理。高校要通过总体的校园管理，提升学生遵规守纪的意识，并使其认清自身的管理责任和义务，让大学生明确管理不仅仅是约束，也是自我参与的过程。另外，高校应积极引导大学生进行自我约束、自我管理，引导学生逐步形成自我约束的"自律"意识，严格遵守道德规范，实现立德树人的目标。

八、服务育人：欣赏生活的"人文关怀"

服务育人，是在关心人、帮助人、服务人的过程中教育人、引导人。现实生活环境能够对人产生一定的影响，服务育人所依托的是生活化、人文化的育人要素。高校服务工作的本质是以学生为中心，通过开展各项工作来促进学生的全面发展。思想政治教育中的人本思想是为了促进人的发展。所以，在服务过程中，高校应当体现人的诉求，应在服务育人中凸显对人的引导，即在服务育人中凸显人本思想，在工作中处处为大学生着想，处处为大学生树立人文榜样。高校不论做什么服务工作，都应体现对大学生学习和生活的人文关怀。高校应通过树立服务榜样，为大学生营造良好的人文环境，凸显高校育人文关怀、人本特质，从而培育大学生自身的服务意识、人本思想，并逐步形成良好的人文精神，树立服务社会、帮助他人的思想意识。

高校服务育人倡导生活化的思想政治教育，是人文关怀的体现，也是育人中人本理念的实践。服务育人是对思想政治教育的补充和拓展，大学生所处的环境不仅仅是学习环境，更是生活和发展环境。大学生每天不可避免地需要接受来自学校、社会的生活服务，而这些服务必然蕴含着生活化、人文化的育人要素。社会化的服务可以潜移默化地引导大学生形成公德心、道德心。服务育人也是大学生发展生存、生活能力的重要途径。高校为大学生提供了的生活服务、学习服务，而大学生在接受这些生活学习服务的过程中也锻炼了生活能力、自我管理能力。在服务育人中，高校应将爱生活、会生活的意识传递给大学生，真正提高大学生欣赏生活的能力，并使其感受到人文关怀的重要价值。另外，服务育人可以帮助大学生提高自己的综合素质和能力。大学生的综合能力包括社会适应能力、人际交往能力、语言表达能力、组织管理能力、开拓创新能力、动手实践能力、竞争生存能力等。高校是大学生进入社会前接受系统性教育的场所。在接受教育过程中，学生既会受到学习因素的影响，也会受到社会因素的影响。服务育人本身是大学生之间、师生之间、学生和工勤服务人员之间的互动过程，是大学生体验人际交往的重要过程。因此，服务育人要求高校应为大学生创造适应社会、适应发展的良好环境。高校要将服务、社交等活动结合起来，为大学生提高社会交往能力提供良好的意识保障，使大学生感受到社会人文的氛围和意识，从而可以更好地适应自身的发展需要，并发挥自身的人文价值，真正做到服务社会、服务他人。

与传统思想政治教育相比，现代思想政治教育更加重视人，而这是由现代思想政治教育的本质所决定的，也是马克思主义人学理论对高校思想政治教育工作开展产生的影响。服务育人，就是从生活化的元素出发，围绕大学生的基本生活诉求积极展开工作，赋予"服务"以思想意识教育方面的作用。高校要借助大学生的生活环境来引导学生认知生活，感知生活中的种种困难和快乐，解决大学生从学生到社会人过渡中遇到的问题，使其逐步从半自理的状态进入到自理状态，进而获得欣赏生活、创造生活的能力，最终展示出社会化的"人文关怀"，让大学生在获得自理能力、生活能力、创造生活能力的同时，也可以获得帮助他人的意识和能力。

关于思想政治工作，党的十八大报告提出要"注重人文关怀和心理疏导，培育自尊自信、理性平和、积极向上的社会心态"。党二十大报告提出："坚持不懈用新时代中国特色社会主义思想凝心铸魂，全面加强党的思想建设，加强理想信念教育，引导全党牢记党的宗旨，自觉做共产主义远大理想和中国特色社会主义共同理想的坚定信仰者和忠实实践者。"关于高校的服务育人工作，国家明确了高校要引导大学生保持自尊、自信、理性、平和、积极向上的社会心态。在服务育人实践中，高校要朝着这个目标努力，借助生活化的育人要素来培养大学生勇于面对生活困难的积极态度和自理自治的行为意识，这样才能真正达到高校服务育人的最终目标。在服务育人中，"以人为本"应是高校服务工作的核心理念，高校开展思想政治工作应该改变之前"以事为本"或"以任务为本"的理念，向着"以人为本"转变。高校应充分借助服务育人的方式，有效地将关心人、尊重人、教育人进行有机结合，促进学生的自由全面发展。

九、资助育人：坚定意志的"精神动力"

资助育人是指把"扶困"与"扶智""扶困"与"扶志"相结合，建立国家资助、学校奖助、社会捐助、学生自助"四位一体"的发展型资助体系，在资助过程中培养学生独立自强、诚实守信、知恩感恩、勇于担当的良好精神品质。高校应当认识到大学生遇到的"贫困"问题的成因复杂性，认识到要这些问题并不是一朝一夕能够解决的，应选择更加科学的方式，即对大学生进行帮扶，帮助其解决学习中、生活中的现实困难。高校要注意"扶志"，借助精神鼓励的方式增强学生的精神动力，解决大学生的"思想困扰"。精神鼓励是调动大学生发展积极性的最佳方式。关于人的发展，恩格斯曾说过："就单个人来说，他的行为的一切动力，都一定要经过他的头脑，一定要转化为他的意志的动机，才能使他行动起来。"对于高校的资助育人而言，受资助学生的行为动机比较多样，其中既有物质动机，也有精神动机。物质动机是指对物质利益的追求。精神动机是指"精神因素对人从事的一切活动及社会发展产生的精神推动力量"。

资助育人是从外部附加公平机制，帮助大学生获得公平的学习成长条件，并激励其发展的教育行为。生活环境的差异，容易造成学生学习、生活观念的差异。

如果大学生被贫困所限制，则必然会导致其对"公平"的认知出现偏差。资助育人就是改变这样的外部条件，让大学生获得一个公平的学习和发展起点，在高校范围内营造平等的学习、生活环境。高校要针对贫困学生开展有效的物质帮扶和精神激励，这是资助育人的内在要求。

首先，借助多样化的帮扶手段，激励学生通过劳动、学习等途径获得奖学金、工作报酬等，使贫困学生可以通过自身的努力获得平等发展的条件。例如，高校可以借助国家奖学金、国家励志奖学金，以及院校、社会设立的奖励先进、优秀学生的奖学金政策，鼓励学生通过努力学习获得奖励，树立正确学习导向，营造良好竞争氛围，促进贫困大学生自主发展和全面发展，激发学习成长动力。

其次，坚定学生艰苦奋斗的精神意志。艰苦奋斗，不仅是党的优良传统，也是中华民族的传统美德。在资助育人中，高校不仅要给予贫困大学生相应的物质帮扶，还要引导贫困生积极改变自己的生活理念，树立自强意识。高校要教育学生不能因为暂时的条件不足而放弃自我发展的目标，高校要鼓励学生树立实事求是以及勤俭节约的价值观，使学生在"扶困"中获得思想意识的发展。一方面，高校要抓牢勤工助学的育人载体和方式。勤工助学是大学生通过劳动实践收获成长的重要途径。大学生通过勤工助学不仅能够获得报酬，还能掌握劳动的规律和经验，加快个人的社会化发展进程，在做人做事等方面迅速成长成熟；另一方面，高校要引导大学生树立正确的消费观。高校引导受资助学生合理开支，加强对其精神消费进行引导，注重培养其理性的消费思维，提高他们的消费质量，使其坚定奋斗的意志。

最后，建立多维度的"精神帮扶"机制。在资助育人中，高校要借助贫困帮助机制，引入多元化的帮扶资源，尤其是社会资源，弥补高校资助资金的不足，这也可以体现出社会大家庭对贫困学生的关怀，让学生感受到组织的关怀和社会环境的温暖。高校党组织也应适时地发挥自身的作用，积极地跟踪和了解贫困学生的思想动向，借助党组织的力量帮助学生强化自身的奋斗、发展意识，及时为其提供精神帮扶，达到"扶志"的目标。另外，高校还应积极组织教师帮助贫困学生从学业中"脱困"，即了解贫困学生在学习中遇到的问题，改变先天环境对学生"学业"造成的影响，完成对贫困大学生的"扶智"工作，提升其对自身能力的认知，坚定大学生自我学习和发展的信念，使大学生获得自我发展的"精神动力"。

十、组织育人：爱党爱民的"家国情怀"

组织育人，是指通过开展组织活动创造育人的机会、实现育人的效果。社会发展追求的是实现群体性目标，任何人都不能脱离社会而独立存在。而在社会中，要实现不同的群体乃至个体发展的目标，都需要借助群体组织的力量。高校的育人重点是培养学生掌握适应社会、适应自身发展诉求的能力。因此，高校思想政治工作的开展离不开组织育人的内容。组织育人，不仅要进行有组织的育人活动，更要让大学生具备组织意识和协同能力，最终具备适应组织、适应社会发展的思想意识。目前，我国存在大量的社会组织，并且不同社会组织承担的思想政治教育职能也不同。同样，高校也存在诸如党组织、群团组织、学生组织等各种组织。这些组织承载着不同的育人功能，承担着思想政治教育的工作任务。各级组织如果可以有意识地激活自身的思政育人作用，就可以促进大学生的全面发展，这不仅仅有利于组织自身的发展，也可以实现个体组织意识、思想意识的提升。高校开展的组织育人主要是以党团组织为基础、框架，对群团组织、学生组织进行科学引导和管理，从而发挥组织的育人功能。在组织育人实践中，高校要对教师和学生进行政治引导、思想引导，以及组织能力提升、服务意识提升，从总体上提升师生的思想政治素养，在促进组织健康发展的同时，也达到育人的效果。

具体来说，高校的组织育人实践需要做到以下几方面。

首先，高校党组织要积极发挥育人带动者的功能。党对高校的领导，主要体现在高校办学的政治方向和培养什么人的根本性问题方面。自诞生以来，中国共产党就十分重视各级党组织的建设，尤其是在新时代，作为人才培养的重要体系，高校党组织建设备受关注。新时代高校思想政治工作的开展，要始终明确党组织在育人方面的领导力。各级党组织本身就承担着教育党员的重要职责，这也使得党组织承担着不同程度的育人功能。在组织育人中，党组织必须承担政治引领、思想引领、价值引领的重要责任，同时，也应拓展自身的影响能力、文化熏陶能力等，真正成为高校组织育人的先锋队。新时代，在高校党组织的领导下，各级组织应明确育人职责，落实其组织育人功能。在各类高校组织中，党组织是最为稳定和有力的育人组织。所以，高校组织育人必须突出党组织的带头和表率作用。毕竟党组织的任务是引领高校发展、社会发展、学生发展，其倡导的爱党、爱国的思想意识也深刻地影响着其他各类组织。同时，各种党组织活动的带头作用也自然而然地影响到大学生，因此，党组织是高校组织育人的第一代言人。在育人中，高校要突出党团组织的政治思想引领功能。高校党委要把方向、管大局，各级院系党组织、基层党支部，以及高校共青团组织要牢牢掌握思想政治工作的主导权，尤其是要突出政治思想方面的引领，保证高校始终成为培养德智体美劳全面发展的社会主义建设者和接班人的坚强阵地。

其次，强化各类组织对大学生的价值观引导。高校各类组织应成为传播社会主义核心价值观的主要阵地和载体，要做好马克思主义、社会主义核心价值观等内容的宣传教育，积极培育大学生树立社会主义核心价值观，培养大学生树立家国情怀。家国情怀是中华民族优秀传统文化的核心价值理念，是建构大学生国家认同、民族认同、文化认同的情感基础，是开展爱国主义知、情、意、行相统一教育和培育中华民族精神家园的思想保证，是时代新人担当民族复兴大任的价值内核。新时代大学生已经成为重要的社会建设力量，培养大学生树立家国情怀，是高校重要的思想政治教育内容。树立良好的家国情怀，可以让大学生懂得感恩，使其可以更好地为国家服务、为社会服务。在当代世界一体化、世界变革的形势下，大学生如果具备明确的"家国"意识，就可以在学成之时首先想到国家，并用行动报效祖国。如今，我国的人才流动更加自由，国家和社会显然不能限制人才的流动，因此，必须依靠民族、家国的情怀来让人才自动自愿地为国家服务。高校各级组织应在各自的教学活动、社会实践、科研、创新中不断融入家国意识、组织意识、报效意识等意识教育内容，在提高大学生综合素养的同时，使其可以树立良好的"家国"意识。不断强化各类组织的"家国"文化熏陶功能。高校不同的组织都有着自身的文化背景和诉求，但也有着共同的目标，即培养大学生爱党、爱国的基本情感。高校要加强"家国精神"对大学生潜移默化的影响，加强各类组织的"家国"文化建设，在丰富大学生文化生活的同时，也营造良好的校风、学风，实现以文化人、以文育人。

最后，突出"家国理念"熏陶。高校组织育人是将育人过程依托于组织进行，将特定的价值观念、思想认知、道德规范潜移默化地融入组织之中，直接或间接地影响大学生的世界观、人生观和价值观形式，促使其在学习成长中提升自己的思想道德水平，坚定理想信念。在组织育人实践中，高校要突出家国理念，强化大学生对承担的历史责任和社会义务的理解，积极培育大学生明确的"家国"思想内涵，使其明确"家国"对于自身发展的重要性，明确"只有祖国强，个人才能挺直腰杆"。在组织育人中，高校各级各类组织应发挥育人的场域作用，充分发挥各级党团、群团、学生组织的集中感召作用，将家国情感与日常实践、科研活动结合起来，营造浓厚的家国氛围，帮助大学生树立建设祖国、建设家乡的基本思想，并最终为"报效祖国"而做好准备。

第三章　高校"心理育人"的理论基础

高校心理育人是新时代提升高效思想政治工作质量的重要载体，更是推进健康中国建设的重要环节。高校心理健康教育工作需要放眼全程发展，聚焦关键时期，加强对学生的人文关怀和心理疏导。心理育人建设有着深厚的理论基础，包涵内在的马克思主义思想和理论根基，同时心理育人建设也是高校实现立德树人教学目标的必然要求。科学理解心理育人建设，可从马克思主义、思想政治教育、心理学的相关理论进行分析和论证。

第一节　马克思主义认识论

一、马克思主义人学理论

马克思主义人学理论是广博精深的理论体系和丰富科学实践内容，它不仅对人们的世界观、价值观、人生观等精神层面进行了科学的引导，也对人们在实践活动中如何科学地认识世界、改造世界指出了正确的方向，因而具有很强的理论价值和实践价值。马克思在《1844年经济学哲学手稿》中指出："社会的人的感觉不同于非社会的人的感觉。只是由于人的本质的客观地展开的丰富性，主体的、人的感性的丰富性。"由此可见，马克思人学理论的基础是现实的人、现实的社会和现实的社会问题，旨在对这些内容做到正确的理解，而高校心理育人的主要对象为大学生，其目标是促进大学生的心理健康发展。无论从理论方面，还是从实践方面而言，高校心理育人必须将马克思主义人学理论作为基础，以此作为导向开展各项工作。

"人的发展"问题是马克思毕生关注的一个重要内容。他通过关心现实的人的幸福，对人的问题进行了深入而细致的研究，为我们准确、科学地理解"现实的人"提供了理论依据。马克思主义人学理论和高校心理育人都关注"人"的发展，两者之间有着相同的内在逻辑关系。马克思主义人学理论认为：人是"现实的人"，是"一切社会关系的总和"。人的价值目标是实现"自由而全面发展"，而实现人和价值目标的根本途径是"社会实践"。关于人的全面自由发展理论是马克思主义人学理论的核心组成部分，与我国高等教育的主要任务高度契合。高校是培育人、发展人的主要阵地。在建设中国特色社会主义的社会大环境下，我国高校的教育目标体现为培育品德高尚、素质优良、全面发展的德能兼备的社会主义建设者和接班人，这也应当成为高校心理育人建设的应有之义。人始终是社会的人。人的本质就是一切社会关系的总和。人作为社会关系的产物总是会受其影响和制约。这就要求我们在高校心理育人建设中，需要以人为基本出发点，针对大学生的心理健康状况和规律，从宏观和微观、内部与外部、主观与客观等多方面营造积极和谐的心理育人环境，积极创造条件，开展心理育人，构建一体化的心理育人体系，力求在育人实践中不断发现问题、解决问题、检验成果，争取实现大学生德智体美劳的综合全面发展，以助推社会的全面发展。

二、马克思主义需要理论

马克思说："需要是人类心理结构中最根本的东西，是人类个体和整个人类发展的原动力。"马克思明确指出人的需要就是人的本质属性，是关于"人"生存状态表现出来的最直接、最深刻的形式，是人与其他物种的根本区别之所在，也是不断促进人类个体与社会发展的首要动力。马克思从历史唯物论和人的实践本质出发，指出了人的需要层次为三个内容，即"生存需要—享受需要—发展需要"，这三者之间是处于不断发展和上升的过程。在这三个需要层次中，最基础的是生存需要，旨在维持个体的生命和延续后代的需要。对于高校大学生而言，生存需要的重要性不言而喻。大学生群体生活经验、社会经历有限，其中独生子女群体占比多。这部分学生通常自我感较强，心理状态不够稳定，有着较强的生存需要。由于生活、经济等方面的压力也给大学生带来了心理上的困惑，考验其心理承受能力，他们自身生存需要的满足情况直接影响到其对外界客观事物的看法。因此，高校心理育人要重视满足大学生的生存需要。享受需要是以生存需要为前提，并且表现为更高层次的需要，正如马克思所说："人类在其基本生存需要满足后，会产生一种合理的需要，那就是对追求美好生活的向往，对生存质量的高要求，但它发生的必然是基于生存需要的有效满足。"

实际上，由于部分大学生对自身学习的需求认识不到位、不明确，无法正确看待学习目的，价值观念发生偏差，缺乏内驱动力，久而久之就会出现逃避学习、自我放弃、厌学弃学等情况。这些情况所导致的危害不仅仅体现在学习效果上，还会给其自身的发展带来严重负面影响。倘若缺乏稳定的心理状态和合理调节情绪的能力，他们心理上也可能会出现严重的焦虑、恐惧、抑郁等问题。发展需要居于较高层次，体现了人类生存的价值追求和根本目的。大学生获得良好的发展不应该忽视其心理问题，如果没有对负面问题进行及时的辅导和干预，就会对他们的生活和工作造成影响，从而会对其健康成长成才形成阻碍。

高校心理育人一体化能够帮助和引导大学生树立与时俱进的思想观念，不断丰富其自身的精神世界，进而使其获得全面发展。根据马克思主义需要理论，人的需要是不断处于变化的。内容层面是丰富多样且参差不齐的，既有物质生活的需要，也有精神文化的需要。各种需要并存且共生，不断地由低级需要向高级需要发展。马克思主义需要理论揭示了高校心理育人的起因与归宿，为高校心理育人一体化的建设奠定了坚实基础。随着社会化的信息化、文化多元化，导致价值观念冲突与思想理念碰撞不断加剧，大学生多方面需要的积聚，呼唤并催生着心理育人一体化的建设。大学生群体在面对复杂多变的外界矛盾和冲突时，不可避免地会出现恐惧、畏难和彷徨不前的情绪，这就需要实施心理育人一体化来保障和满足大学生的生存、享受与发展的需要，共同推进社会的全面和谐发展。

三、马克思主义的交往理论

马克思的交往理论贯穿于马克思主义唯物史观创立的各个时期，在马克思主义哲学体系中具有十分重要的地位。马克思立足于人的生产实践和交往实践，把"人"作为交往实践的主体，关注人与人之间的交往活动对社会发展以及人的全面发展的作用。高校心理育人的出发点是人，是高校社会交往关系中每一个鲜活的人，其落脚点也是人，是具有健全心理品质的全面发展的人。马克思认为，人的存在体现着双重关系，"一方面，是人们对自然的作用。另一方面，是人对人的作用"。可见，人对自然的作用具体指的是一种对象性行为，而人与人的相互作用构成了一种交往行为。作为社会中的个体，既存在于外部自然的交互关系中，也与他人发生着各种的交互关系，因此，交往是人类在与外部自然进行物质交换过程中，也就是说在生产劳动的过程中必然会发生的活动。

一个人的发展取决于与他直接或间接进行交往的其他一切人的发展。

由此发现，交往是一个人发展过程中必不可少的一个环节。无论是对于人的精神生产而言，还是促进人的发展，都需要将交往作为前提，并在不同程度的交往中收获成果，也就是说，交往在本质上就是人的一种存在方式。生产力的不断进步在推动着交往的变化发展。现阶段，社会对人的素质水平和能力结构提出了更高的要求。个体为了满足生存需要，适应社会的发展需求，就必须要进行普遍而广泛的社会交往，通过形成普遍的物质交换、全面丰富的社会关系，促进个体的发展，不断从片面走向全面。马克思主义交往理论作为人的全面发展理论的重要内容，是探讨实现大学生全面发展的有效基础，给高校心理育人一体化提供了理论基础和实践指导。一方面，从理论角度而言，需要将交往理论作为高校心理育人一体化建设的重要突破口，肯定和重视交往实践对于高校大学生培养健全心理品质的重要作用。另一方面，从实践角度而言，需要将高校心理育人工作与交往实践进行有机结合，尊重大学生在高校心理育人工作中的主体地位，合理运用外部育人力量促进高校心理育人一体化建设过程中的主体间性转向，通过各种有利于学生发展的交往实践培养大学生的心理培养，从而促进各方面能力的提高。

第二节 思想政治教育学原理

一、教育学中的相关理论

（一）建构主义学习理论

建构主义理论（Constructivism）是当代西方国家兴起的一种社会科学理论，是"当代教育心理学中的一场革命"。建构主义学习理论的发展有深刻的心理学渊源，得益于杜威（John Dewey）的"经验学习理论"、皮亚杰（Jean Piaget）关于儿童的认知发展理论、维果茨基（Lev Vygotsky）的心理发展理论和布鲁纳（Jerome Seymour Bruner）的认知学习理论等一些教育家、心理学家的思想理论。建构主义学习理论经过长期的理论探索和教学实践，形成了独具特色的学习观、学生观和教学观。建构主义学习理论试图从"新认识论"的视角对"客观主义认识论"进行深刻的反思，认为学习是通过信息加工活动建构对客体的解释，而客体是根据自己的经验建构知识的。建构主义学生观认为，学习者的知识是个体主动建构的，而教师是无法通过知识的灌输、讲授直接让学生被动地接收信息，应当使学生自己主动参与到整个学习过程，主动根据先前已有知识经验对新知识、新信息的意义建构。其也认为受教育者学习的过程不仅仅是一种简单、单向地从外部将理论知识进行输入、存储、整合和提取的过程，更重要的是要实现主观与客观、内部与外部、单向与双向、新与旧的知识经验多向互动的过程。就是说，一个科学的学习过程应当包括学习者、教育者、学习环境等多方面的因素。因此，高校心理育人不能无视学生的主观感受和实践经验，要明确学生的心理发展程度取决于学习者根据自身经验去建构相关知识和意义的能力。作为教育者可以为学习者提供基于先前知识的教学方法，帮助学习者能够主动依据自身经验建构属于自己发展的意义，而非机械地"复制"他人的意义而获得答案。

我国学者把与建构主义学习理论相适应的教学模式称为"以学生为中心的教育"。我国古代的教育教学实践也早已现出了"以学生为中心"的教育理念，比如在《论语》中，孔子有很多经典论述，"有教无类""因材施教""不愤不启，不悱不发"等。《礼记·学记》中提到的"教也者，长善而救其失者也"，"长善救失"等，也是"以学生为中心"教育观念的典型表现。高校心理育人一体化建设需要在现有的发展基础上，不断开展深入的基础研究，发挥学生的主观能动性，引导学生主动构建心理健康知识。建构主义学习理论强调对知识建构的途径、策略、方法等进行适当的研究，从而有利于更好地实施个性化的心理育人工作。

（二）终身教育理论

保罗·朗格朗是（Paul Langrand）是"现代终身教育之父"，是成人教育家、终身教育理论的积极倡导者和理论奠基者。他认为教育必须体现出终身发展的终极目标，要将这一个理念要深入到各个教育发展和改革的环节中，并且要立足于学生的发展，将不同阶段、不同类型教育内容之间达到高度的协调与统一，倡导不同层次的教育要素积极融入教育活动中，从而对终身教育理论基本思想与基本原则的贯彻实施提供基本保障。

终身教育不只是着眼于当下，更贯穿于每个人的一生、贯彻于人的全面发展的教育理念，其内涵包括知识、技能、素质、品德、态度以及各种学习行为。终身教育理论是在解决一系列社会危机和矛盾中产生的理论，也是在批判传统学校教育的封闭性、单一性、保守性的过程中产生的教育理论。它突破了以往狭隘的学校教育理念，使教育延伸到人类社会生活的长期性，从而促进了个体教育和学习的终身化。终身教育理论是基于人类生命的有限性、人性的复杂性、人性的发展性，以及知识的无限性而提出的教育理论，强调通过教育来开创美好生活世界，用终身学习来实现"人的全面、自由、充分发展"。

终身教育强调一个国家的教育发展应当整合各种资源，为其每一个公民创造终身参与各种教育活动的可能性。它着眼于社会的构成，认为学习化社会应当从单个的人或者组织出发，强调每个主体应认识到人人终身参与学习的重要性，以及具备终身学习的态度与能力。因此，终身教育的实施和完善需要建立一个能使人们终身接受教育的体系，即终身教育体系，以满足个人在一生中各个时期各个阶段的各种学习需求，实现终身学习。终身教育，不仅仅是强调现阶段人们为了顺应时代的步伐而被迫卷入更新知识技能的浪潮，获得更好的生存优势，它更提倡的是一种内发的、自觉的主动追求，是在深刻了解个人与社会的关系，以及个体生存与社会进步的联系的基础上，实现更高水平的发展。终身大事倡导的是追求"自我实现与人类共同幸福生活"的理想。在终身教育理念下，高校心理育人应该是多元化的、系统化的，以及能够结合实践的且具有可持续性的一种模式。结合高校培养人才的特点以及资源结构，实施终身教育理念下的心理育人已成为学习教育改革与发展的基本共识。

（三）生活教育理论

陶行知（1891—1946）是我国现代教育史上著名的教育家，他从中国自身的教育实践出发，探索、总结出了适合中国本土的教育理论，形成了独立的生活教育理论体系。"生活即教育"是生活教育理论的核心。"从定义上说，生活教育是给生活以教育，用生活来教育，为生活向前向上的需要而教育。从生活与教育的关系上说，是生活决定教育。从效用上说，教育要通过生活才能发出力量而成为真正的教育。"生活教育理论主张生活是教育的主要阵地，学校各项教育要以丰富的生活元素为主要载体，在现实生活中展开针对性的教育活动。生活教育理论认为：第一，生活决定教育的目的和内容。教育的内容应当来源于生活，教育者的任务是要帮助受教育者积极认识生活、适应生活，而且要改造生活，完善生活，使生活不断前进向上。第二，教育与生活并不是彼此孤立的，而是相互融会贯通的一个完整体系，共同交融于人的整个生活并超越生活。学生在社会活动中所发生的交往过程，在生活实际中的选择过程，以及在现实世界中实践、体悟和发展过程，是以人为发展对象，以生活为教育素材，从而不断促进人发展需要的过程。也就是说，只有通过教育与生活的完美结合，才能成为真正的教育。相应的，教育要实现对生活的改造功能，则必须以现实生活为基础。第三，生活教育思想是实践性的教育理论，其强调实践是教育的必备条件之一。生活教育理论是具有中国特色的教育学说，其"全面教育"理念，主张把一切具有教育功能的机构或系统连接起来，把教育从工具理性回归到人的生活世界，促进人的身心潜能素质的全面和谐发展，其内涵理论与实践的双重性，以及教育理论的鲜活性给高校心理育人一体化建设的理论与实际工作的提供了现实基础。

二、思想政治教育的相关理论

（一）思想政治教育过程的理论

思想政治教育过程理论在思想政治教育中起到至关重要的作用。思想政治教育的具体过程是互动的、双向的、实践的、持续的和发展的。思想政治教育过程主要有四个要素，即教育者（主体）、受教育者（客体）、思想政治教育的内容和方法（介体）、社会环境及其所提供的教育支撑条件（环体）。思想政治教育过程是由教育者、受教育者、教育介体、教育环体等诸多要素共同组合而成的，并且是一种各个构成要素之间相互联系、相互作用的复杂的运动过程。在思想政治教育活动中，各个构成要素都承担着不同的功能，它们各个要素按照特定的规律发生作用、促进发展。因此，思想政治教育过程理论强调要发挥育人的整体功能，通过不同育人要素独特功能的有机整合与协调统一，实现"合力育人"的效果。从思想政治教育效果，这个"合力"大于各个单项要素功能的总和。

思想政治教育过程是一个科学、系统的整体，其构成要素、基本内容、发展阶段和矛盾、规律都是彼此联系且互相作用的。思想政治教育活动的各个要素和环节也是互为前提、彼此印证的。因此，思想政治教育过程是教育者与受教育者共同参与，双向联系且相互作用的过程，高校在工作中应当重视教育者的引导、教育功能与受教育者的内化、践行相结合，从而形成一个互助协作的发展过程。同时，思想政治教育的实践活动过程强调持续性、系统性，以实现特定教育目标为任务。这一实现过程仅靠某一个要素单独发力是无法实现的，需要把握思想政治教育活动的选择、组织、开展、运行、发展的流程，明确不同育人要素的特点、价值、功能以及适用领域等不同属性，将顺思想政治教育过程各阶段的关系、各环节的顺序，从而促进思想政治教育目标的实现，为思想政治教育实践提供新的方法指导。

（二）思想政治教育主客体理论

思想政治教育的主客体关系实质上是思想政治教育者与受教育者的关系。教育者与受教育者（即教育对象）是思想政治教育学的基本范畴，也是思想政治教育过程的基本构成要素。马克思主义认识论指出，在思想政治教育工作中，教育者和受教育者作为人，都是主体和客体的统一体。因此，在思想政治教育过程中，教育者是教育主体，居于引导、主导地位；而受教育者是教育客体，是整个育人工作的开展对象，在思想政治教育活动中，是教育者进行认识、教育、改造的对象。

受教育者作为思想政治教育对象，客观上具有广泛性和复杂性的特征。这也就决定了受教育者的个体差异性。受教育者的个体差异是教育者选择相应教育内容、方法、手段的依据。因此，教育者要立足于受教育者的认知水平、发展规律与理解能力，以及受教育者在个性特征、认识能力、思维方式等诸多方面的差异，充分认识并尊重受教育者的"先天不足"，通过积极引导，因材施教，正面鼓励等方式积极与教育对象之间实现平等对话，形成和谐互动的思想政治教育合作过程，从而共同完成促进受教育者提高思想政治道德素质的目的和任务。另外，思想政治教育活动是双向互动的活动，思想政治教育主体通过一定的方式向思想政治教育客体传授教育的内容，而思想政治教育客体只有充分发挥主观能动性，将教育客体传授的理论内化为自己的思想，做到以行求知、以知促行，才能取得好的教育效果。

（三）思想政治教育协同创新理论

德国学者赫尔曼·哈肯（Hermann Haken）于1971年最早提出协同的概念。协同"是指系统中各子系统的相互协调、合作或同步的联合作用及集体行为，结果是产生宏观尺度上的结构和功能"。协同的系统，其子系统功能要素不仅仅是简单相加，而是所有子系统之间彼此关联、相互牵制，共同作用于整个系统的优化和完善的机制。系统是有协调、有目的地自组织起来的整体。高校思想政治教育协同创新是一个以高校为主体的，包括思想政治教育的相关部门、思想政治教育工作者、大学生群体等多种要素共同参与，从宏观层面的人才培养、科学研究、制度建设、机制构建、政策管理等，以及微观层面大学生心理健康、教育教学、职业发展、生活交际等多个领域的协调推进的一体化过程。它旨在把零散的思想政治教育资源有序化、系统化，使系统整体的思想政治教育过程贯穿于受教育者的整个大学生活，从而实现随处可教、随时可育、错落有致的思想政治教育运行机制。

新时代大学生思想政治教育工作是一个复杂、艰巨的系统工程，既需要做到大学生思想政治工作内部各要素的紧密配合，也需要促进思想政治教育与高等教育其他子系统的良好运行发展，只有充分协调好这些关系才能增强大学生思想政治工作的实效性。将协同创新理念引入高校思想政治教育领域，不是生搬套硬理论。在实际思想政治教育工作中，新时代高校思想政治教育本身与协同创新理念所追求的方式，其发展的目标是一致的，两者之间具有自然的契合性。

协同理论为深层次解决大学生思想政治教育工作的质量提升问题提供了新的综合改革和实践探索路径。新形势下，将思想政治教育协同创新理论深入到我国高校思想政治教育发展工作中已成为主要趋势，有助于实现不同领域教育资源的优化整合、互补完善，以及有效提升高校思想政治教育水平和效果。

第三节　心理学理论

一、精神分析理论

20世纪初，西格蒙德·弗洛伊德（Sigmund Freud）建立了精神分析理论的基本思想。他是精神分析分析学的创始人，也是心理学史上的重要人物。弗洛伊德认为，人格有三个基本成分：第一个成分代表的是人格的生物方面，即本我（instincts），是人格的本源，是人格系统中最基本的内容。他认为本我处于意识层面之外，是从出生时就已具备的所有构成，涵盖了与身体驱力满足相关的部分要素。人的本我活动是依据快乐原则，表现为降低负面的情绪和反应，排除不舒服、难受或紧张的情绪，实现快速即时的快乐。第二个成分代表的是人格成分，即自我（ego），是心理过程实现连贯一致的组织部分。它以本我能量为前提，形成意识，并为了实现满足本我需要的目的，全力在社会现实开展交往，保持联系。自我根据现实原则行事，因此，自我有一种主动推迟满足本我的愿望，直到出现合适目标从而达到没有伤害作用的满足的能力。第三个成分是最高层次的心理表现，反映了社会对人格的贡献，即超我（superego）。它是人格中社会的代表，蕴含着周围文化的规范和标准。超我表现为按照个体的道德原则行事，而道德原则是有关是非对错的社会价值观，以及社会规范的准则，具体包括良心和自我理想。它往往能深刻地影响人类，通过变成一种相对独立、自主的力量，使得人格与社会规范保持高度一致。这种倾向也是导致焦虑驱动行为模式出现的主要原因。弗洛伊德用他的"本我－自我－超我"心理模型重新描述了心理疾病及其治疗方法，强化了病人的自我原则。在人格结构中，这三个基本成分相互之间总是会有不同程度的矛盾和冲突存在，也恰恰是由于这种对立性才引起了个体自身复杂多样的心理活动和行为表现。

弗洛伊德最核心的观点是：心理生活的大部分，包括思维、情感和动机都是潜意识的，换句话说，人们做事情是基于他们自己都无法理解的原因而实施的。因此，他提出了一些进入潜意识的途径。如自由联想、口误、发生在精神分析治疗期间的某些事件、白日梦以及梦的解析。很多现代科学研究也证明了人们都存在潜意识情绪，并且这些潜意识情绪影响着个体的行为表现。生活中，当人们对外部成员自发形成内在的、隐约的敌意，以及带有防御型的心理时，会导致群体间出现对立冲突和紧张的人际关系。弗洛伊德精神分析理论的很多观点深刻影响了哲学、教育、文学、艺术等多种学科领域，在现时代高校心理育人一体化建设中也是具有积极价值的，使我们能够更加系统地了解人格，其对促进心理育人科学化、规范化提供了理论遵循。

二、人本主义理论

人本主义心理学是当代西方极为重要的心理学思想流派。于 20 世纪五六十年代，由罗杰斯（C.Rogers,1902—1987）初刻了"以人为中心"的心理治疗理论。他是当代最有影响的人本主义心理学家之一，他的理论长期以来对心理咨询相关理论和实践发展产生着深刻而持久的影响。马斯洛（A.H.Maslow,1908—1970）也是人本主义心理学的主要发起者和理论家，和罗杰斯并称为美国人本主义心理学的创始人。

罗杰斯作为一个人本主义心理学家，致力于激发学生内在的学习动力，试图将人本主义心理咨询的方法和原则运用到发展人的生活的各个环节，走进人的"内心生活"，深入了解学生的心理状况和精神健康发展，通过改善人的生存状态，为学生的自我实现提供帮助。他认为："被咨询者清楚哪些情感受到伤害；应该向什么方向努力，关键问题在哪里，哪些经验被埋没了。"这句话深刻说明了心理咨询开展顺利与否与咨询者对待被咨询者的态度具有很大的关系。这在一定程度上突破了以往在心理育人工作中将心理咨询者视为主导地位的关系模式，积极重视和肯定了被咨询者的主体地位，不断提倡咨询者要主动激发自己的潜在能力和内生动力，提升正确认识自己的行为和动机的能力。这也给我国高校心理育人提供了育人启示，即让学生直接体验到自身心理问题、学习问题、生活问题并通过自身的努力最终解决这些问题。

马斯洛是人本主义重要代表人物。1954年，在《动机与人格》一书中，马斯洛提出了著名的需要层次理论。马斯洛的需要层次理论，是符合人实际需要的层次模式，能展现人的动机从初级到高级，从生存到发展，从基本物质需要到高级精神需要，即实现自我价值，简称自我实现 (self-actualization) 的需要发展过程。可见，人的需要体现出丰富性和层级性，这决定了每个人的自我实现过程是一个复杂且持续的过程，而不同时期不同阶段需要层次的满足，都能够促进人们走向更"充实"的自我实现。马斯洛的需要层次论和自我实现的理论，对于高校心理育人工作而言具有深刻而广泛的理论意义和现实意义，能够为心理育人课程教学改革和素质教育的方法的优化起到指导作用，尤其是对于建设新时代高校心理育人一体化的任务，这些理论与研究具有非常重要的理论价值。

人本主义心理学作为一种基础理论，一直是心理学发展领域的指向标。它能够探索人的意义、真实性，促进实现以人为本、思想发展和社会正义。人本主义心理学家关注作为"人"的整体性、全面性，强调人际关系的重要价值，尊重每一个生命的价值和尊严。主要体现在以下几点：

第一，对人性保持积极乐观、正面肯定的态度。人本主义心理学认为趋利避害是每个人都与生俱来的本能行为，人会不断适应外部环境，并且会朝着能够促使自身潜力充分发挥的方向发展。

第二，强调以人为本，尊重人的本性。人本主义心理疗法充分尊重被咨询者的主体地位，主张咨询者要把给予患者无条件的关心和爱护作为工作的出发点，要深入了解患者的病况，并设身处地为其考虑。

第三，最终目的旨在帮助个体发掘自我价值和潜能，寻求自我生存和发展的意义，最终实现自我。

人本主义认为"生活的目的就是用你的人生去实现你所信仰的事情，无论是自我发展还是别的价值。"这些人本主义理论的基本理念、观点和治疗方法给高校大学生心理育人工作带来独有的价值和贡献。

三、积极心理学理论

积极心理学是心理学领域的一个分支，是 20 世纪末在西方心理学界出现的一种新的研究取向，是致力于研究人的发展潜力和美德等积极品质的一门科学。

积极心理学并不是一个崭新的心理学领域，而是相对于西方传统的"消极心理学"或"病理性心理学"（pathology psychology）而言的。在以往的发展历程中，传统心理学多把各种心理问题作为出发点，持"消极"的态度和观念，旨在实现消除心理患者的各种"心理问题"的目的，而积极心理学将关注焦点放在人的积极态度、积极潜质、积极力量及它们的形成机制，其思想的内核是认为心理学应更多关注积极的育人内容，创造性提出了"主动预防"的观点，强调心理教育者应当主动培养患者内在的自身力量和美好品德等积极方面的品质为主要任务，而不仅仅局限于当患者出现问题时才依赖外部力量去解决问题。不仅在心理学领域，在教育领域，积极心理学也成了"正面教育"的理论素材。积极心理学普遍认为人类具有天然的、强大的自我防御能力，即人类能够对各种心理或精神疾病进行主动地调适和完善，具有自信、乐观、拼搏、毅力等积极的心理品质。因此，在高校心理育人工作中强调运用积极心理学的相关理念，整合积极心理学元素与教育实践，能够增强学生主观幸福感，促进学生保持心理健康。

大学生积极的心理品质不仅对学校各项活动的参与度、人际关系的认同感、学业工作的成就感、自我发展的幸福感的建立产生着重要影响，而且对大学生的社会价值观、思想道德、适应力、宽容度以及集体观的培育都有重要意义。针对当前大学生心理育人存在的困境和问题，高校应首先关注大学生身上具备的积极品质，用积极的眼光和理念去面对他们的心理困惑和问题。各个育人主体要通过营造积极的道德教育环境，不断激发大学生自身的智力潜能和发展力量，帮助他们释放自我潜力，学会充分利用外部教育环境中的积极因素和自我发展的内生动力，促进自身的道德素质和心理素质的提升。同时，高校也要引导学生学会建立积极健康的社交关系，通过获得他人的信赖和支持，与他人建立和谐的人际关系，从而不断提高自我认同感和自我成就感，实现心理健康发展。

第四章　高校"心理育人"的工作体系

"心理育人"已成为新形势下提升思想政治教育质量的重要内容，也成为了新时代高校思想教育工作的新任务、新使命。2017年，中共教育部党组印发《高校思想政治工作质量提升工程实施纲要》明确指出："将'心理育人'列为十大育人体系之一，并强调要坚持育心与育德相结合，加强人文关怀和心理疏导，深入构建教育教学、实践活动、咨询服务、预防干预、平台保障'五位一体'的心理健康教育工作格局，着力培育师生理性平和、积极向上的健康心态，促进师生心理健康素质与思想道德素质、科学文化素质协调发展。"2018年，教育部党组再次印发《高等学校学生心理健康教育指导纲要》再次提出以"立德树人"为根本任务，并对高校心理健康工作提出了具体的指导意见和实施要求，为高校心理健康工作指明了方向。2023年，教育部等十七部门联合印发了《全面加强和改进新时代学生心理健康工作专项行动计划（2023—2025年）》进一步明晰了新时代开展心理健康工作的基本要求和路径，明确提出将学生心理健康教育贯穿德育思政工作全过程，融入教育教学、管理服务和学生成长各环节，纳入"三全育人"大格局，并明确提出通过以德育心、以智慧心、以体强心、以美润心、以劳健心，"五育并举"的方式促进心理健康。

第一节　心理育人的课程体系

课程育人是高校"十大育人体系"中的非常重要的部分，是高校实现立德树人根本任务的重要途径。心理健康教育课程同时承载着课程育人、心理育人的使命。高校应该发挥课堂教学的主渠道作用，建立与时俱进的优化课程体系。充分发挥心理健康教育课程的育人作用，同时协同其他课程体系渗透心理育人的理念，可有效提升心理育人的科学性和有效性。

一、心理育人课程的思政功能

人的品德塑造遵循一定的规律过程，遵照"心理—思想—行为"的顺序逐步发展和完善。因此，在人的品德塑造过程中，心理是基础，思想是核心。心理健康教育课程旨在增强学生的心理保健意识，提升学生的心理素养，促进全体学生的全面发展为目的，这就决定了心理健康教育课程是思想政治教育、道德教育和法制教育的基石。心理健康教育课程主要采用心理健康知识的讲授、案例分析、课堂活动和行为训练等方法，培养学生的自我认知能力，培育学生坚强的意志力和提升学生的心理耐挫力。虽然高校德育的目标是促进学生的全面发展，但是个体的全面发展必须建立在充分发挥个性的基础上。心理健康教育课程从理念和方法层面上可以为思想政治教育课程提供着力点，使学生既有统一的坚强意志，又能保持个体的独立性和自觉性，从而促使学生整体意志和个性的全面发展。同时，心理健康教育课程能够提升德育的成效和塑造学生的思想道德品质。

1. 认知层面的内化作用

心理健康教育课程，是一门理解自己、理解自己与他人、理解自己与社会的学科。为了关注个体的发展，心理健康教师的立场应是中立的，对学生不存在价值判断。教师对心理健康知识的科普及心理技能的教授是帮助学生解决生活、学习中的心理问题，因而学生对心理健康课程的接受性比较强。因此，心理健康课程的"先天优势"使其相对于思想政治教育课程更能吸引学生。

大学生受知识水平和阅历不足的限制，他们的世界观、人生观、价值观也没有成熟，这样势必对问题的看法不够成熟，也容易导致心理问题的产生。学生带着心理问题，就可能产生道德的认知偏差，可能形成不正确的道德行为。心理健康教育是培育健康心理的主渠道，健康的心理是形成正确思想的基础。健康的心理能促进个人形成正确的道德认识，能够推动学生形成健康的道德情感和正确的道德行为。

心理学课程的理论依据，如认知学习理论、行为塑造与矫正理论等，可以为思想政治教育课程提供理论基础。思想政治教育课程遵循的教书育人规律和学生成长发展规律，对于学生良好思想品德和心理健康素养的塑造具有巨大的促进作用，也有益于高校深入贯彻实施"三全育人"，实现高校立德树人的根本任务。

2. 情感层面的感化作用

心理健康教育课程的重要任务之一就是对学生积极心理品质的塑造，增强学生情绪管理的能力，使其能够接纳自己的情绪，提升共情能力，学会理解、包容，爱自己和他人，保持与自己、与他人、与社会、与自然的和谐关系。一个人的共情能力越高，其道德境界和道德层面也越高，同时共情能够增加一个人的亲社会行为。

心理健康课程通过心理案例分析、角色扮演、微视频等方式能够有效地激发学生的情绪情感识别、体验、表达以及提升移情能力。共情能力的培养有益于提升学生的道德能力，也有益于发展学生思想品德情感，从而促进养成正确道德行为。

3. 意志品质的塑造作用

心理健康教育课程通过对大学生的认知调节能够增强大学生思想品德意志。心理健康课程设置的情绪管理与压力应对、挫折教育、生命教育等内容对大学生提升环境适应、自我管理和情绪调节能力具有重要的指导作用，推动大学生发展坚韧的意志品质，培养和提高大学生知、情、意、行全面发展，指导大学生坚定理想信念并一路向前。多数高校采用积极心理学的理念开展心理育人工作，注重培养和塑造学生积极乐观、友善、坚韧等积极心理品质，极大地增强了大学生的心理韧性和心理复原力，提升了大学生的意志品质，促使大学生能够以更加积极的方式面对并解决生活中的压力和挑战。

二、发展性心理育人工作内容体系

心理育人，要育什么样的人呢？《高等学校学生心理健康教育指导纲要》已经做出了明确的指示：深入学习贯彻习近平新时代中国特色社会主义思想，全面贯彻党的教育方针，把立德树人的成效作为检验学校一切工作的根本标准，着力培养德智体美全面发展的社会主义建设者和接班人。坚持育心与育德相统一，加强人文关怀和心理疏导，规范发展心理健康教育与咨询服务，更好地适应和满足学生心理健康教育服务需求，引导学生正确认识义和利、群和己、成和败、得和失，培育学生自尊自信、理性平和、积极向上的健康心态，促进学生心理健康素质与思想道德素质、科学文化素质协调发展。

在规划、设计、实施、考核心理育人的工作时，身为教学人员、科研人员、管理人员、服务人员，我们应当着力提高全体学生的心理素质，培养他们积极乐观、健康向上的心理品质，充分开发他们的心理潜能，促进学生身心和谐可持续发展，为他们健康成长和幸福生活奠定基础。

通过20余年的心理育人的实践与摸索，尤其在新的时代，心理育人的理念与实践同步得以创新，如广东高校就探索了心理育人的工作格局——教育教学、实践活动、咨询服务、预防干预、平台保障"五位一体"，协同推进。广东高校"五位一体"心理育人的工作，旨在使学生学会学习和生活，正确认识自我，提高自主自助和自我教育能力，增强调控情绪、承受挫折、适应环境的能力，培养新时代大学生健全的人格和良好的个性心理品质；对有心理困扰或心理问题的学生，进行科学有效的心理辅导，及时给予必要的危机干预，提高其心理健康水平。

（一）发展性心理育人的内涵

心理育人与心理教育、心理素质教育、心理健康教育等概念相关，都是指通过"心理"最终实现"育人"目的。育人是目标，是目的，是根本，是出发点，也是归宿。只有这样来理解心理育人，才能更好地把握心理育人的实质。对于心理健康教育的内涵，林崇德教授等早在2003年就指出：心理健康教育，顾名思义是指提高学生心理健康的教育，因此，它包括普及心理健康基本知识，树立心理健康意识，了解简单的心理调节方法，认识心理异常现象以及初步掌握心理保健常识，其重点是学会学习、人际交往、自我修养、升学择业以及生活和社会适应等方面的常识。心理健康教育必须既要面向全体，又要顾及个体差异。做好个别教育与面向全体与顾及个体差异的目的是一致的，即都是为了使学生心理健康地发展。

学校心理育人工作的重点应放在学生心理素质的发展上。这里的心理素质，既包括智力因素，也包括非智力因素，即人格因素。智力因素包括感知觉能力（特别是观察能力）、记忆能力、想象能力、思维能力、言语能力和操作技能，其中思维能力是智力与能力的核心。良好的思维能力，不仅包括概括能力、推理能力和解决问题的能力，也包括诸如敏捷性、灵活性、独创（创造）性、批判（分析）性和深刻性等思维品质。非智力因素或人格因素，是指智力活动以外能对智力活动产生效益的一切心理因素。良好的非智力因素或人格因素，主要包括健康的情感、坚韧不拔的意志、积极的兴趣、稳定的动机、崇高的理想、刚毅的性格和良好的习惯等。以上这些内容应该是心理健康教育要关注的内容。

发展性心理育人是指有目的、有计划地对学生的心理素质与心理健康进行培养，使大学生的心理品质不断优化的教育过程；预防性心理育人主要是指对在心理素质或心理健康方面出现了问题的学生进行专门的帮助，使之得以克服的教育过程。这两项任务层次不相同，发展性教育主要是面对正常发展的学生，是提高性的；而预防性教育则主要是面对在心理方面出现了不同程度问题的学生，是矫正性的。在实际的心理育人过程中，提高性的与矫正性的育人工作往往是难以截然分开的。发展性心理育人是精益求精、锦上添花，而预防性心理育人则是未雨绸缪、防患于未然或者亡羊补牢。

（二）发展性心理育人的内容体系

青年是"党和国家的未来、民族的希望"。习近平总书记在庆祝中国共产党成立 95 周年大会、北京大学师生座谈会等众多场合对青年本质特征和重要地位进行了科学论证。在 2019 年 3 月 18 日举行的学校思想政治理论课教师座谈会上，习近平总书记再次强调，办好思想政治理论课关键在教师，关键在发挥教师的积极性、主动性、创造性。思政课教师，要给学生心灵埋下真善美的种子，引导学生扣好人生第一粒扣子。

以发展的眼光看待学生心理素质的发展、在发展中培育学生心理素质。这是学校的心理健康教育、心理育人工作内容的着眼点和立足点。因此，我们在倡导心理健康教育时，应该关注新时代大学生积极拼搏和奋斗超越的群体特征，在内容规划上补充与新时代要求相一致的新青年素质。我们应在认知水平、情感发展、意志培养、人格构建等方面，不断增强、提升、促进和鼓励当代大学生，不要过多地以个案代替全体、以个别扩散群体、以极端臆测所有、以不稳定泛化全过程。我们在大学生心理育人的内容设计上，应始终坚持"发展性"——时代在发展，教育在发展，学生在发展，心理在发展，为新时代大学生滋养心灵，拔节孕穗。

就当前发展性心理育人的工作内容而言，我们应当着力于培养积极心理素质以及良好社会心态。同时，新时代大学生要积极历练，加强自我教育。

1. 培育积极心理素质

身为教师，我们始终应当立德树人，"给学生心灵埋下真善美的种子，引导学生扣好人生第一粒扣子"，将培育积极心理素质作为大学生心理育人的首要内容。

积极的心理素质是在正常智力的基础上，要求大学生具有良好的个性、较强的心理适应力、积极合理的内动力、健康的心态以及得当的行为表现等。把培育积极心理素质作为大学生心理健康教育的重要内容，符合大学生心理健康教育的育人目标，更是大学生积极心态培育的题中应有之义。

（1）要塑造大学生积极的人格

作为人格中的主动因素，积极人格是预防人格的扭曲、保持健康心理的关键，更是促进大学生积极心态发展的重要因素。培养大学生的积极心理素质，要通过塑造学生的积极人格，使学生能够正确地认识和接纳自我，客观评价他人和社会，时刻以积极、乐观的心态面对困难和挫折，在各种社会压力面前以强者的姿态迎接挑战。

（2）要增进大学生积极的情绪体验

增加积极的情绪体验是塑造大学生积极人格的必要途径。培养大学生的积极心理素质，就是要通过调动大学生内在的积极潜能，让他们感到生机勃勃的积极情绪，如喜悦、感激、希望、激励、宁静和爱等，以此来提升他们的心理掌控能力，保持平和的心态，使他们能在积极发掘与培养潜能的过程中做到"防患于未然"。这些对维护大学生的心理健康、提高学习效率、改善人际关系有着重要作用。

（3）要与大学生思想政治教育紧密结合

促进大学生全面发展是高校德育工作与心理健康教育的共同培育任务和目标。当前，学生的心态问题不仅有心理因素，同时还存在思想、品德、行为习惯以及观念方面的因素，单一的教育方式难以奏效。因此，两者在教育内容上相互配合、协调一致，遵循大学生思想认识发展的基本规律，结合大学生思想政治教育内容，发挥其预见性功能，将德育工作深入到学生的心理健康教育教学中去，通过开展多种形式的谈心、咨询活动，指导学生恰当地处理学业、生活中出现的问题。这样既丰富心理健康教育的内容，又助于大学生积极心态培育目标的实现，也心理健康教育的培育工作效能最大化。

2. 培养良好社会心态

（1）培育积极的自我认知力

积极的认知能力是大学生积极社会心态培育的前提，它既包括大学生对自我的正确认知与评价，也包括对他人的客观认识和评价。大学生积极的认知能力可以从建立积极的自我意识开始培养。大学生可以通过"他观我"的方法来进行自我认知能力训练，例如，描述父母眼中的我、同学眼中的我、教师眼中的我、朋友眼中的我等。对这些描述中共同的优秀品质或不足进行归类，并使描述的内容越具体、越接近自己，就越容易找到较正确的自我。同时，当我们找到自我并且能够正确认识自我之后，还要学会悦纳自我。自我悦纳既是自我接受、自我喜欢、自我欣赏、接纳自己的第一步，也是培育积极的认知能力的关键所在。只有接受完整的自我，才会理解、包容他人，与人友善相处，从而形成对他人的客观认知和评价，进而树立一种积极的认知态度，并在此基础上产生积极的情感体验和理智的行为方式。此外，要学会正视并接受现实。现实中，压力无处不在，挫折在所难免，而大学生的学习、交往、择业、情感等方面的心态问题多是由于自身心理发展不成熟导致认知失调引起的。所以，大学生要努力培育积极的自我认知能力，调整好自己的心态，学会正视并接受现实，在生活中时刻保持坚强、自信、乐观的精神风貌和积极健康的人生态度，认认真真学习、勤勤恳恳做事、踏踏实实做人，形成应对挫折、缓解压力的正确心态，为促进整个心态的健康发展提供条件、奠定基础。

（2）提升自我的承受能力

心理承受力是个体对逆境引起的心理压力和负情绪的调节能力，主要表现为对逆境的适应力、耐力、战胜力。良好的心理承受能力是个体积极心理素质的重要组成部分。目前大学生群体出现的各类心态问题，应从以下三个方面去努力解决，第一，要增强大学生的社会适应力。在学习方面，应该确立学习目标，改善学习方法，提高学习自觉性；在交往交友方面，要与人为善、主动与人交流，不戴有色眼镜评价别人；在择业方面，主动参与社会实践，增进生活体验，以积极的、平静的心态去看待择业路上的困难和挫折；在情感体验方面，保持积极的情绪，相信自己一定能够找到解决的办法，克服困难，战胜压力，做到遇事不躁，处事不惊，建立健康、愉快、丰富的精神生活。第二，是要进行系统的耐力训练。一个人耐力的强弱影响其意志力，进而影响心理的承受力。提高耐力是一个痛苦的心理体验过程。大学生可以通过模拟野战游戏的方法来训练自己的耐力和意志，增强自己的应变能力，在艰苦环境中磨炼自己。第三，是要树立战胜困难的意念。树立战胜困难的意念对于大学生而言，不仅需要父母、教师的监督和引导，更需要个人坚持不懈的努力。大学生可以通过自我鼓励的方法，树立坚定的信念，勇敢地面对压力，憧憬美好的未来。无论遇到多大的困难，都要自信、坚定地走下去，相信通过自己的努力一定可以战胜困难，获得成功。

（3）增强自我情绪的掌控力

增强自我情绪的掌控力最直接有效的办法之一就是适当地调控情绪。每一位大学生都有自由地发泄、公开表达自己情绪的权利。不同的情绪反映的是他们的真情实感。尽管作为心理尚未完全成熟的大学生群体，对自身情绪的掌控难以把握，但还是可以通过一些方法和手段进行掌控的。例如，大学生可以通过听音乐、运动、谈心、宣泄等情绪调控的方法来舒缓情绪压力，主动、及时地调适自身的不良情绪；或通过写邮件、写日记的方式进行自我心态的调整；或专注于阅读具有教育意义的书籍、观看文艺电影等排遣不良情绪；等等。与人交流、自我调节、情绪转移，都是增强自我情绪掌控力的有效办法。同时，大学生还要养成积极的抗压心态，进行抗压抗挫的能力训练。生活中的成功者与失败者的最大差异是对逆境持不同的态度。大学生在学习和生活中所遇到的困难和挫折是导致自身心态疲惫的重要因素。因此，当代大学生只有勇敢地面对生活的挑战，通过增强环境的适应力、提高生活满意度等方法，才能养成一种抗压心态。当这种抗压心态处于主动状态时，大学生才能从容面对生活中的压力，在精神上很好地适应社会环境的变化，从而不断地增强自我情绪的控制力，朝着积极的方向发展。

3. 积极历练自我教育

就个人而言，每位大学生都承担着"立德""育心"的自我教育、自我培育、自我完善的职责。就当代大学生积极心态、良好心理素质的自我构建而言，其应包含以下几方面。

（1）建立正确的自我认识，形成积极的自我概念

心理健康的个人对自我必然持肯定的态度，能够明确认识自己的潜能、优缺点，并发展自我。一个积极向上的人不会自我膨胀，目空一切，也不会苛求自己，自怨自艾；他即使对自己有不满意的地方，也并不妨碍其感觉自身较好的一面。无论是来自农村还是来自城市的学生，都应该做一个积极的、独立的、自尊自爱自强的人，不要以各种主客观条件来左右自己，不要产生不平衡心理。正确认知自我既是心理健康的必要条件，也是维护心理健康的主要方法。研究表明，对于评价性的自我认识，人们认知自己关于魅力、聪明、忠诚等方面，大部分人自我感觉比真实的好。有能力区分真实的自我与理想的自我是生命的智慧，需要大学

生用心体悟。

（2）用积极的心态对待外界事物，创造一个良好和谐的外部环境

积极的心态是维护心理健康的必要条件，积极良好的心理可形成乐观的人生态度，能承受突如其来的打击和变故，保持机体内外环境的平衡与协调，增强神经系统的调节作用和机体的免疫力。维护良好的外部环境需要建立一个和谐的人际关系，正确处理交往的问题，自觉适应环境的变化。人际交往可以满足人对爱的需要、心理归属的需要和受人尊重的需要，从中实现自我价值。因此，积极的人生态度、正确的人际交往方法、良好的人际关系和有效的人际沟通技能，对于维护心理健康都是非常重要的。

（3）坚持健康文明的生活方式

生活方式是指人们在日常生活中遵循的行为规范，即习惯化了的生活。对大学生而言，健康文明的生活方式，包括合理作息、起居有常、早睡早起、充足睡眠；平衡膳食、坚持吃早餐、保持正常体重；科学用脑、实行时间管理、提高学习效率；劳逸结合、避免用脑过度；积极参加体育锻炼、不吸烟不喝酒、选择文明高雅的休闲娱乐方式，愉悦身心。而大学生不健康不文明的生活方式主要有沉溺于网络、暴饮暴食、晚睡晚起、不运动、抽烟酗酒等。

（4）正确看待压力

大学生的心理压力来自多方面，如学习压力、经济压力、就业压力等。大学生要正确看待压力，努力将压力变为动力，要正确处理好学习和就业的关系，学以致用，学习一门专业，掌握谋生的技能，为顺利就业打下坚实基础。面对就业带来的压力，大学生应该广泛了解社会职场对人才的需求，分析自己的专业特长，以积极的心态应对就业带来的心理压力，适时地调整学习内容和就业目标，完善知识结构，力争熟练地掌握专业技能和专业知识，以适应就业的需要。

（5）合理宣泄情绪

在压力来临时，大学生会表现出郁闷、伤心、失意。这时，大学生应该善于表达自己的情绪，不要将自己难过的情绪压抑在强作笑颜之后，也不要以故作活泼来掩饰悲伤的内心。大学生要学会体察自己与他人的情绪，要学习正确的情绪宣泄途径，如写日记自我倾诉，进行体育锻炼来消耗身体的能量，或在与大自然的交往中调整自己的情绪，等等，管理自己的情绪，体验正常的情绪情感。

（6）对青春期和性成熟状态的良好适应

处在青春期的大学生虽然性已成熟，但由于性生理成熟和性心理不成熟的矛盾，导致大学生面临很多性心理卫生方面的问题。保持大学生性心理的健康，一直是学校、家庭、社会的期望，也是大学生身心同一、完整人格的内在要求。一方面应加强大学生性生理和性心理方面的教育；另一方面大学生自身要学会调节，可以通过学习、工作、娱乐活动、社交等途径使生理能量得到正当的释放，来减弱性的生理冲击力。

三、预防性心理育人工作内容体系

心理疾患是世界性的问题，并且具有逐渐增长的趋势。2011 年，《自然》杂志发布的心理疾患负担统计数据显示，心理疾患已经给包括中国在内的中低收入国家造成了沉重的经济负担。

预防性心理育人的工作内容体系主要是加强危机预防与干预体系建设；通过实施专项督查、推动心理健康测评、完善大学生危机事件报告制度，不断增强危机预防和干预能力；组织专家对高校心理健康教育示范中心建设及大学生心理健康教育工作进行专项督查。各大高校都建立了心理健康教育与咨询机构，逐步完善了个体咨询、团体辅导、网络咨询、24 小时心理热线等多形式、多层次、立体化的心理咨询模式。

预防性心理育人内容体系的设计既要体现课程的时代性、现实性和针对性，又要针对大学生最困扰、最困苦的问题，帮助大学生解除心理困惑、适应学校生活、促进心理健康、完善人格魅力。根据卫计委 2003 年的调查统计显示，我国大学生中至少有 25% 存在不同程度的心理障碍，其中有焦虑不安、恐惧、神经衰弱、抑郁等严重心理障碍的大学生的比列达 16% 以上，而且近年仍呈上升的趋势。这一系列数据表明，大学生的心理健康问题已经成为关系当今家庭、学校和社会稳定的一个亟待解决的重要问题。

（一）大学生心理异常的三个层次

根据大学生有可能出现的心理异常的严重程度，我们试图将其分为以下三个层次。

1. 心理冲突

心理冲突也称心理失衡，属于轻微的心理异常，通常不存在心理状态的病理性变化，是正常心理活动中的局部异常状态。心理冲突是指个体在有目的的行为活动中，存在着两个或两个以上相反或相互排斥的情绪、动机或价值观时，既不能丢掉一个保留一个，又不能把两者在较高的层面上整合起来，因而产生的一种矛盾心理状态。这种矛盾的状态持续的时间较短，一般在半个月之内，其反应的强度也不是很大，没有明显违背逻辑思维，对大学生的学习和生活并不会造成重大的影响。心理冲突具有普遍性，几乎每个人都经历过。常见的大学生心理异常状态大多数属于此类，但心理冲突若不及时地调整和疏导，就会影响身心的健康。

2. 心理障碍

心理障碍也称心理失常，是心理状态的病理性变化，属于心理病理学的范畴。心理障碍是指个体在其成长过程中，受自身生存环境的影响而形成的一种不协调的心理状态。心理异常程度比较剧烈，持续时间在一个月以上，背负着比较沉重的精神负担，其反应对象不仅局限在引起心理异常的具体对象上，而且泛化到其他的对象上，造成心理紊乱，影响了日常学习和生活。大学生严重的心理异常状态属于此类。比心理冲突要少见，但是如果不予以足够重视并及时调适，长久持续下去将会导致更加严重的心理疾病。

3. 心理疾病

心理疾病是比较严重的心理异常，是多种心理障碍集中或综合的表现。心理疾病是指个体由于精神上的紧张、干扰，而使自己的思想、情感和行为，发生了偏离社会生活规范轨道的现象。这种心理上的矛盾和紊乱持续的时间很长，反应的对象也一再泛化，严重地影响到大学生的日常学习和生活。大学生中这一类心理异常状态是比较少见的。

（二）预防性心理育人的工作内容

1. 适应心理问题

适应心理问题主要出现在大学新生中。大学新生由于刚到大学，生活、学习的环境发生了很大变化，随之而来会出现一系列适应方面的心理问题。首先，大学新生第一次远离熟悉的学习和生活的城市、家庭，来到一个陌生而新鲜的地方，很容易想念亲人和朋友。其次，当代大学生大多数是独生子女，他们处理日常事务的能力不足，独立生活能力较差。再次，由于环境的变化，大学生正逐步成为一个独立的社会角色，他们在经济条件和生活方式、学习目标和学习方法、人际交往等各方面都要及时地调整并转换自己的角色，独立应对生活中各种不适应的问题。在角色转变过程中，使大学生在心理上很容易产生强烈的不适应，如果不及时调整，就会造成心理抑郁、焦虑、孤独、自卑、退缩等心理问题。

2. 情绪心理问题

大学生处于青年期，其社会情感丰富而强烈，具有一定的不稳定性与内隐性，表现为情绪波动大，喜怒无常，常常会因为一些小小的成功而沾沾自喜，也容易因为一次小小的失误而一蹶不振，甚至无法控制自己的情绪反应。根据大学生情绪自我评价发现，大学生的负向情绪高于正向情绪，这尤其值得引起重视。大学生的负向情绪主要表现为忧郁、焦虑、嫉妒等。

3. 自我认知问题

大学阶段是自我意识逐步完善的阶段。大学生如果不能客观地认识和评价自我，便会出现自我认知偏差，甚至陷入认知矛盾的状态。大学生中常见的自我认知问题主要有自卑、自负、虚荣等。

4. 人际关系问题

与高中生相比，大学生的人际交往更为复杂、广泛。良好的人际关系是大学生成长的重要基础，也是保持良好的心理状态的必备条件。大学生的人际关系问题主要有人际关系不适、社交不良、心灵封闭等。

5. 恋爱及性心理问题

大学生由于性生理逐渐发育成熟，性意识的觉醒与性心理的发展促使他们渴望了解异性，向往爱情。很多大学生在校期间都开始谈恋爱，但由于缺乏经验与指导，在恋爱过程中出现了诸多心理问题，如爱情的困惑、失恋的困扰、性心理问题等。

6. 特殊群体大学生的心理健康问题

大学生有三类特殊群体的心理健康问题尤其受到关注。

（1）"00后"独生子女的心理健康问题

自大批"00后"大学生涌入高校以来，大众对"00后"的关注逐渐升温。

他们是标新立异的一代，他们身上拥有太多太多的个性，心理问题异常突出。"00后"的大学生，大多都是独生子女，从小就受到万般宠爱，基本没有受过挫折，是家人眼中的中心。久而久之，在他们的心理上早就习惯了以自我为中心，不会想到要去顾虑他人的感受。当走进大学，他们依然用这样的心态去面对同学、面对舍友。在更多的自我观念之下，他们的人际关系变得很糟糕，内心的失落感蔓延，加之日常生活的琐事引发的矛盾，轻易地使这些"00后"大学生出现心理危机。由于他们普遍具有自我评价较高、自我意识较强的"优势心理"，加上家庭对他们的过度呵护和溺爱，使得他们更容易冲动、感情用事，情绪控制能力比较差，面对挫折时心理承受能力较差，受挫感强。

（2）贫困生的心理健康问题

自1999年高校扩招后，推进了教育成本分担机制，贫困大学生的人数激增。尽管政府建立了"奖、贷、勤、补、减、免"相结合的资助体系以解决贫困大学生经济上的困难，但是经济窘迫仍然是他们最大的心理压力的来源。贫困大学生普遍比较自卑，且自尊心也很强，他们的自卑情结往往潜藏于心中，并且没有完全从日常的学习生活中表现出来。贫困大学生尽管经济上很拮据，有的却不愿意接受来自同学们的帮助，处于自我保护状态，他们为自己构筑起强烈自尊的保护壳，对触及自己痛处的事物极为敏感，一点小小的刺激就会让他们产生强烈的情绪情感反应。在贫困的压力下，部分贫困大学生希望以突出的成绩来补偿被人轻视的心理，但在一些评比中一旦不如意，便会认为是参与评选的教师或学生对自己有偏见。虽然贫困大学生有融入集体的强烈愿望，渴望得到别人的接纳和认可，但是由于生活习惯和语言沟通等方面的原因，他们在和别人交往时往往不敢敞开心扉，极少参加同学们的聚会活动。自我封闭，久而久之使得他们的交往圈子越来越小，以至于使他们产生了强烈的孤独感，不愿与人接触，沉默寡言，处理问题时比较偏执，容易产生心理困惑。

（3）毕业生的心理健康问题

目前，就业问题已成为社会各界普遍关注的焦点，这一问题不仅关系到千家万户的切身利益，更关系到国家的经济建设和社会稳定。调查显示，由于大学生的职业理想与现实的差距，使大学生出现不同程度的心理障碍，诸如茫然、焦虑、自卑、盲目自信等心理问题凸显，甚至出现"NEET"一族，即 Not in Education, Employment or Training，指不就业、不上学、不工作，赋闲在家的大学毕业生。为此，心理健康教育课程教学应帮助大学生正确分析形势，培养大学生适应环境变化、调整心理状态的能力，树立正确的就业价值取向和择业观。

（三）预防性心理育人的内容体系

2014年，马建青教授等对全国300余所高校的心理健康工作者进行了我国第一次较大规模的大学生心理危机干预状况的专题问卷调查。研究发现，当前大学生心理危机问题仍比较突出。心理健康教育工作者对此既不可掉以轻心，也不能危言耸听。"如何评价当前大学生心理危机的状况"是了解我国高校大学生心理危机干预工作现状首先要面临的问题。在该问题上，被调查者认为"比较严重"或"一般"的各占2/5。这是目前高校心理危机干预工作界占主流的两种代表性看法。大学生心理危机主要源于恋爱情感、人际交往和学习等日常生活困扰，心理疾病因素尤值得关注。心理健康教育工作者特别关注因严重心理疾病（特别是抑郁症、精神分裂症等）而引发的心理危机，其在心理危机事件中扮演了十分重要而独特的角色。虽然各校心理危机干预工作受到了较多肯定，但危机干预工作仍任重而道远，干预工作者的专业水平亟待提高。

迈入新时代，各大高校通过充分的理论探讨与实践创新，在预防性心理育人方面，构建了以课堂教学、课外活动、心理普测、心理咨询和治疗等多层次、全方位、立体型的心理危机预防与干预网络；通过多种方式、途径强化心理危机干预队伍建设，不断提高从业者的专业能力和水平等。这些措施的落实使高校心理危机预报、预防、预警、干预工作从总体上呈现出较好的发展态势。具体包括以下几点。

1. 提升高校心理危机干预的主动性和预测性

（1）科学评估大学生心理危机的"危险性因素"和"保护性因素"

布朗芬布伦纳的生物生态学理论认为，个体的发展受家庭、学校、同伴等多个生态子系统的影响。乔治提出的基于"生物—心理—社会"的现代医学模式，也强调了个体的心理问题是由多种因素综合产生的。在这些理论的启发下，大量实证研究表明：家庭氛围、学校氛围和人际关系等因素对大学生的心理健康起着重要的作用。近年来有研究者将危险性与保护性因素的概念引入心理危机的研究中，为危机干预的实践提供了新的思路。"危险性因素"是指个人、家庭、学校和社会中的不良因素，这些因素会加剧个体的不良行为。"保护性因素"是指个人、家庭、学校和社会中那些能够改善个体对危机事件的反应，以避免产生不良后果的因素。

（2）及时掌握大学生的心理压力源

心理危机一般发生于个体缺乏有效资源应对当前压力的情境中，亦即危险性因素和应激性因素的共同作用导致危机爆发。大学生在心理危机状态下会表现出一系列的情绪、认知、行为及生理反应，这是识别大学生心理危机的重要指标。因此，除了收集评估大学生心理危机的"危险性因素"和"保护性因素"外，还需要及时掌握大学生压力源，从而为心理危机的预测管理提供参考。根据王定福的研究，大学生压力源依次为：学习压力、自主与独立压力、家庭与经济压力、前程压力、社交与人际关系压力、异性关系压力、重大与突发性压力等方面。

（3）建立动态化的心理档案

心理档案的建立并不是一劳永逸的事情，对每位大学生心理压力源、风险性因素和保护性因素的收集也不是一次心理普查就可以解决的。因此，我们需要建立动态的心理档案系统，结合辅导员"谈心谈话"制度，及时录入各种最新的心理健康信息。这样就可以实现及时、准确地把握每位同学的心理动向，真正做到心理问题"早发现、早干预"，防患于未然。

2. 加快完善心理辅导与咨询服务系统建设

心理辅导与咨询是预防性心理育人的核心和关键。该系统的主要执行者是学校的专兼职心理健康教育教师。他们自觉运用心理学的理论、原理和方法，对多数学生共同的心理行为问题进行团体心理辅导，对少数有较严重心理困扰和心理障碍的学生进行个别心理辅导与心理咨询。他们需要努力挖掘学生自身潜能，在此基础上提高学生解决自身心理行为问题的能力，促进学生自我教育与自我成长。

（1）心理辅导工作是连接心理健康教育和心理危机干预的枢纽

一方面，培养具有丰富心理辅导经验的教师。只有具备良好的个案心理辅导经验的教师，才可能面向全体学生开展有效的心理健康教育，否则这项工作很容易流于表面。另一方面，做好心理辅导室建设，有助于识别并及时发现潜在的心理危机，提供专业支持或及时转介到专科医院，把心理危机干预向前移，减少危机事件出现的概率。如果缺少这样的一个工作场所和接触学生的机会，一些需要得到特殊帮助的学生就有可能一步步走向严重的心理危机。心理辅导室建设是一项系统工程。心理辅导室的场所、需要配备的设备、对环境的要求等较简单，短期内就可以达到较高的普及率。然而，心理辅导室要真正发挥作用，一方面需要能够提供专业的服务，另一方面还要不断地提高学生的心理健康意识，使学生愿意主动地体验心理辅导室的服务。

（2）提高心理辅导室从业者的专业水平

受制于我国心理健康服务的现状，高校心理健康服务体系的发展面临"瓶颈"。就高校心理健康服务体系而言，心理辅导师和咨询师的专业水平会对心理健康服务的质量产生举足轻重的影响。学科课程教学因为是面向全体同学，即使专业水平不高，通常也不至于给学生带来伤害性的影响。在危机干预层面，心理辅导师和咨询师的专业水平此时可能也不是最重要的，进行必要的转介或制度层面的改进可能就可以了。而进行心理辅导和咨询时，学生通常处在心理脆弱的状态，如果提供服务的心理健康教育教师专业水平较低，缺乏相应的技能与资质，则很可能给学生带来重大的心理创伤。因此，对于心理辅导室建设而言，从业者的专业水平是首要考虑的因素。

（3）不断丰富心理辅导室的服务形式

个别辅导和咨询是心理辅导室最常见的工作形式，其优势是能够在较深的层面上提供个性化的服务。团体或小组辅导，也是比较常用的形式，比较适合解决一些人际关系、新生适应或者成员具有相似问题的情况。团体辅导的优势在于同时面对多人，并且团体辅导中的人际接触体验，尤其适用于人际适应障碍类的主题。另外，推进同伴互助、朋辈辅导对于心理健康服务体系建设也具有重要的意义。同伴互助、朋辈辅导对于解决学生的学习和适应问题具有得天独厚的优势——朋辈之间更容易相互理解和产生共鸣。而且朋辈辅导过程建立起来的人际关系也是学生现实人际关系的一部分，拥有这样一份相对融洽、亲密的人际关系，本身就具有心理上的积极意义。

3. 完善危机预防与干预服务系统

（1）做好日常危机预防

日常危机预防是学校心理健康服务体系中的重要组成部分。它通常包括三个层面：首先是初级预防，面向全体学生的心理健康教育；其次是二级预防，面向潜在危机的个体预防和干预。有潜在危机的个体通常指那些被诊断为有早期功能紊乱的学生，正在或已经遭受各种严重的心理冲突，可能会出现严重的心理疾病，通常需要对其进行心理辅导、咨询，或提请家庭、所在院系、班级予以关注；最后是三级预防。它是指已经有严重心理困扰的学生直接进入危机干预程序或转介，以避免发生可能的真实危机的处理过程。

2. 提升危机发生时的应对效率

学校危机干预事件，一般包括自杀、暴力冲突、意外事故、精神分裂、自然灾害等引起的心理创伤。这些事件通常对个体的学习和工作产生很大的影响和冲击，使他们处于危机状态。因此，危机干预的应对效率在此显得尤为重要。学校心理健康服务人员通过危机干预，帮助学生有效面对危机事件，帮助其恢复到正常状态。另外，社会资源和人际支持也是危机应对时的重要因素。有时仅仅凭借心理健康工作人员的力量显得力不从心，因此，建立一个纵向危机应对联动机制，确保在第一时间及时响应，提供支援和帮助，是心理危机发生后有效应对的保障。纵向是指自上而下包括不同级别部门人员的加入，方便调动资源和获得支持。在实际操作中，危机干预还需要相应制度加以完善和保障。

3. 发挥德育、思想政治工作队伍和班主任的力量

任何时候，高校心理育人的队伍，都不仅仅是由专业人士、专职人员组成的。在学校心理健康服务体系建设中，各级各类学校要善于利用现有的资源，把德育或思想政治工作队伍作为心理健康服务体系的重要组成部分。在推进这项工作的过程中，遇到的最大阻碍可能就是工作方法和工作理念的差异。因此，可以对德育或思想政治工作队伍进行危机预防和干预知识的系统培训，尤其是掌握危机识别的方法和技能。班主任教师接受系统的危机预防、识别与干预知识和技能培训，对于推进学校心理危机预防与干预服务系统的建设至关重要。

面向新时代大学生开展的心理育人工作，是一项关乎民族发展和人类进步的重要工作，不可能一蹴而就。高校心理育人工作的开展要循序渐进，要联合学校、家庭、社会的共同力量，利用和整合已有的资源和优势，建立一个多层次、全方位的发展性与预防性兼具的心理育人体系，规划心理育人的完整内容，构建心理育人的实施途径，从而最终实现促进大学生德才兼备、成长成才的目的。相信依靠国家政策、专家引领、一线教师的共同努力，高校心理育人工作一定会得到范围更广、程度更深、水平更高的发展！

第二节 高校心理育人工作途径的构建

高校心理育人工作途径的构建是工作得以正常实施并取得成果的关键。根据不同的实际情况，有针对性地选择合适的工作途径，可以提高工作的效率，达到提高大学生心理素质、促进其身心健康和谐发展的目的。本节将介绍高校心理育人工作途径构建的多个依据，明确工作实施的基础，并具体介绍发展性心理育人、预防性心理育人这两个工作层次的工作途径。

一、高校心理育人工作途径构建的依据

高校心理育人工作途径的构建，主要是针对大学生这一特殊群体。大学生处于个体发展的特殊阶段，具有其独特的身心发展特点及规律。尚未稳定的生活环境和仍未成熟的心理发展状态使大学生在面临各种选择时难以做出决定，并承受伴随而来的迷茫、焦虑等情绪和压力。因此，高校心理育人工作的开展，对大学生进行的帮助和引导，对大学生的健康成长具有重大意义。由于所面对的困惑和压力不同，对不同年级的大学生实施的心理育人工作途径也会有差异。此外，心理育人工作内容体系多方面、多种类的要求决定了心理育人工作开展的途径。对于不同的心理育人工作内容层面，应该采用不同的工作途径。心理健康教育基本方法和途径，也为构建心理育人工作途径提供了重要依据。其中，学校心理健康教育模式提供了关键的专业依据。临床心理学和心理咨询领域有关个体心理评估和诊断方面的理论为高校心理育人工作途径提供了重要的理论依据。同时，一系列重要文件也为构建高校心理育人工作途径提供了专业的政策依据。

（一）大学生身心发展的特点与规律

大学生处于个体生命的黄金期——青年期，这是个体生理和心理迅速发展的时期，也是个体心理迅速走向成熟而又尚未完全成熟的一个过渡期。该时期不同学年阶级的大学生的心理发展又具有以下不同的特殊情况。

第一，"心理性断乳期"大一新生告别父母、家乡、熟悉的学习环境和学习方式进入一个陌生的、远离父母的大学环境，容易有生活上、学业上和人际交往

上的不适应问题，此不适应期被美国心理学家霍林维称为"心理性断乳期"。这一阶段的人精力充沛、情感丰富、有强烈的追求个体存在价值的欲望，但易冲动、烦躁，容易产生孤独感和空虚感。许多新生第一次住校，其舍友是来自五湖四海的同学，心中很容易缺少归属感；离开家乡，没有父母在身边可以依赖，需要快速成长，具备独立生活的能力；没有了教师的严格监督、手把手的指导，需要自己调控自己的学习与生活之间的关系；需要适应学校饮食，需要自己安排照顾好自己的起居生活，需要适应来自不同地方的同学的差异性……种种的挑战会让大一学生有较大的压力感。同时，进入大学以后，身边的同学都是实力相当的佼佼者，高中时期的优越感消失了，而大学专业性、探索性、自主性教育的学习方式与高中填鸭式教育是截然不同的。这容易导致学生产生焦虑、自卑、不自信感，表现为学习目标不明确、学习安排很模糊、学习态度较懒散。大一新生会对自己的生活无所适从，不清楚自己的大学目标定位，不知如何进行探索性、自主性的学习模式，不适应充满自主性、专业性的大学学习生活，产生困惑和迷茫。

第二，心理压力最大的时期。大二阶段是学生在整个大学阶段心理问题最多、心理压力最大的时期。大二学生的不适应心理问题已经逐渐解决，但是随着与同学、朋友之间熟悉度的提高，某些个人品质和性格中的毛病、缺点也逐渐显现出来，而自己的处事方式通常比较青涩和直率，容易造成人际交往处理不当，进而引起冲突矛盾；由于面对多门专业课程，学习方法不当，学习效率不高，大量的学生会、社团以及校外兼职等非学习性事情造成学习时间不够等情况，学生经常熬夜导致学习疲劳感加大，易造成巨大的学业压力从而引起心理问题；此外，大二学生与异性交往的主动性加大，因学业性或非学业性事情而产生交往。随着交往程度和了解程度的加深，双方容易产生懵懂的爱情。有些同学无法很好地分清楚友谊和爱情的界限，由此造成心理问题。

第三，心理逐渐成熟期。大三的学生随着年龄的增长和心智的逐渐成熟，面临着未来就业还是读研深造等一系列涉及个人发展的问题。这一系列问题不仅容易对原本规划造成冲击，不得不随时改变原本计划，容易造成悲观消极的情绪，进而让学生对自己的能力产生怀疑和不自信。有的学生不愿意面对这些情况，选择专注于爱情和网络来应对这些心理压力，宣泄心理荒芜感和痛苦感。

第四，面临人生重大选择期。大四年级的学生进入大学本科生涯的最后一年，面临着毕业这一重大主题，面临着人生中的许多重大选择。就业（包括考公务员、进事业单位、进入企业、自主创业等）、考研及出国深造、大学爱情等事情形成的压力对学生的心理健康容易造成消极影响。

（二）心理育人工作内容体系的要求

如前文所述，高校心理育人目标是培养自尊自信、理性平和、积极向上、身心健康、德智体美劳全面发展的社会主义建设者和接班人。高校心理育人的内容可以概括为"八大要素"，即学习心理、生活心理、人际关系心理、品德心理、恋爱与性心理、成长成才心理、职业心理和社会化心理。这些心理育人工作的目标和内容都要通过有针对性和目的性的途径来完成，同时也为高校心理育人工作的多样化途径提供了依据。

根据《高等学校学生心理健康教育指导纲要》的总体思路，高校心理育人应坚持育心与育德相结合、教育与咨询相结合、发展与预防相结合，聚焦人文关怀和心理疏导，着力构建中国特色高校学生心理健康教育服务体系，促进学生心理健康素质与思想道德素质、科学文化素质的协调发展。

从操作层面，高校心理育人的内容可以概括为与学习有关的心理教育、与生活有关的心理教育、与生涯发展有关的心理教育三大领域。

与学习有关的心理教育，包括学习动机、学习能力、考试心理等方面的教育与辅导。有研究表明，在影响大学生学习的因素中，20%的因素与智力因素相关，80%的因素与非智力因素相关。绝大部分大学生的智力水平都属于正常范围，非智力因素主要是后天形成的，完全可以通过教育得以改善和提高。因此，可以通过心理健康教育使大学生克服不利因素的影响，学会学习、乐于学习。首先，要正确认识学习的价值，调整心态，增强意志，端正学习态度，合理地制订学业目标和学业期望，正确对待荣誉。其次，对于考试焦虑的学生，一要引导他们充分地做好准备工作；二要引导他们理性地对待考试结果，保持适度的考试焦虑感；三要教会他们学习运用放松技巧克服焦虑。

与生活有关的心理教育，包括自我意识、情绪、人际交往、恋爱观等方面的教育与辅导。首先，正确的自我意识是形成健康的人格结构的基础。因此，要通过自我意识教育使大学生能够了解自己，帮助大学生全面、客观、正确地认识自己，对自己的能力、性格和优点都能有正确的认识，做到悦纳自我；能够认识到每个人都是发展变化的，各有所长所短，应努力完善自我，创造出人生的价值。其次，作为一个特殊的群体，大学生的生理基本成熟而心理尚未成熟，其情绪容易处于紧张状态。长期如此就会影响大学生的身心健康发展，妨碍大学生的学习、生活、人际交往以及心理潜能开发，有时甚至导致心理障碍的出现。因此，要教会大学生理性情绪疗法、积极的自我心理暗示、转移注意力、适度宣泄等情绪调节技巧，消除不良情绪的影响，加强自我调适能力。再次，良好的人际交往关系对大学生的个性发展与人格健全以及其今后的成才作为有重要的影响。它也是衡量大学生心理健康水平和社会适应能力的重要指标。在大学阶段，大学生普遍面临着整合各种社会关系，包括处理好与交往对象的关系的问题。因此，要教会大学生协调人际关系，培养交往能力，保持适当的交往距离等技巧。最后，随着社会的发展和人们思想观念的转变，恋爱在当今的大学校园已经成为一件很常见的事情。恋爱中大学生双方关系的协调、双方矛盾的解决，都会不断丰富大学生的生活经验，促使双方在心理上日趋成熟。因此，要引导大学生树立正确的恋爱观，合理地处理学习与恋爱的关系，把学业作为支撑爱情的杠杆，相互帮助，相互鼓励，实现学业和爱情的双丰收，避免沉溺于庸俗的、功利的爱情之中；注重恋爱中的性教育。

与生涯发展有关的心理教育，包括生涯规划、择业心理等方面的教育与辅导。如何规划自己的生涯是大学生面临的首要问题。首先，高校心理教育工作者应当树立"生涯教育"的观念，使生涯规划教育与学生的发展愿望相结合、与学校的教学过程相结合、与市场的要求相结合，按照生涯认知、生涯准备、生涯成熟等步骤，使学生获得求职技能，引导学生正确规划自己的生涯。其次，择业是大学生最关键的人生转折点。在此转折点大学生往往面临着各种现实的选择和压力。大学生在面对职业选择的冲突时常常会产生各种心理问题，导致心理失衡，不仅严重影响职业选择的合理性，而且会影响大学生的身心健康发展。为此，高校应当进行择业心理教育，引导学生充分做好择业心理准备，正视社会现实，从实际出发，更新就业观念，勇于竞争，敢于接受社会的挑战和考验；高校应鼓励学生客观分析自我，对自己有充分的认识，确定自己的职业发展方向，明确自己的优势和劣势，做到扬长避短，把主观愿望和客观条件结合起来，选择适合自己的职业和单位；高校应教会学生学习自我激励法、自我安慰法、适度宣泄法等调适方法，善于抓住机遇，勇于迎接社会挑战。

心理育人工作的内容体系决定了高校心理育人工作途径应该从以下几个方面着手。

（1）宣传和普及心理健康知识，增强大学生的心理健康教育意识

了解心理学科体系背景，有助于加强大学生心理健康教育的科学性和主动性。心理科学知识包括心理学的研究对象、方法、原理和应用，可使学生清晰认识自身心理活动与个性特点。心理健康知识的普及有助于学生了解健康心理对成长的重要意义，掌握心理健康的标准，识别心理异常现象，理解常见心理问题产生的原因及主要表现，以科学的态度看待各种心理问题，从而提高整体心理健康水平，实现心理健康教育的自我教育。

（2）传授心理调适技能，提供保持心理健康和提高心理素质的方法

高校心理育人需要务实地提供保持心理健康和提高心理素质的方法，帮助大学生学会自我心理调适，有效消除心理困惑，及时调节负面情绪；高校心理育人需要帮助大学生养成良好的学习习惯，掌握科学、有效的学习方法，提高学习能力，自觉地开发智力潜能，培养创新精神和实践能力。此外，高校心理育人工作还要培养学生良好的心理品质和自尊、自爱、自律、自强的优良品格，开发心理潜能，培养坚韧不拔的意志品质和艰苦奋斗的精神，提高承受和应对挫折的能力。高校要使大学生树立积极的交往态度，掌握人际沟通的方法，学会协调与同学、教师的人际关系，增强适应社会生活的能力。

（3）根据不同大学生的具体问题，有针对性地实施专项心理教育

首先，要针对不同年级的大学生在不同的心理教育内容上有所侧重。新生心理健康教育重点放在适应新环境上，帮助他们尽快完成从中学到大学的转变，确立合适的自我概念及发展目标，正确规划大学生涯。对于二、三年级学生，要以帮助他们了解心理科学基础知识，初步掌握心理调适技能以及处理好学习成才、人际交往、交友恋爱、人格发展等方面的困惑为重点。对于大四学生，要配合就业指导工作，帮助他们正确认识职业特点，客观分析自我职业倾向，做好就业心理准备。其次，要针对大学生普遍存在的、较为集中的心理问题安排专题教育，如开展"适应中学到大学的转变""学习压力与考试焦虑""人际关系心理""性心理""情绪的调节与控制"等专题讲座和报告会。

（三）心理健康教育基本方法与途径的要求

一直以来，心理教育工作者对心理教育的基本方法和途径进行了长期的探索。在历史上心理教育模式的发展经历了五种变化：一是宗教和迷信模式，将心理疾病理解为着魔，常采用虐待方式对待心理异常者，以实现"驱魔"的目的。二是

医学模式。重视心理问题的生理基础研究，采用药物疗法干预心理不健康者。三是心理模式。开始重视早期经验和心理创伤等心理因素的影响，把精神分析、行为主义和人本主义理论用于心理干预。四是社会模式。认为心理不健康是不同社会文化因素影响的结果，强调通过现实生活环境和人际关系的改善，进行心理干预。五是"生物—心理—社会"模式。将"生物—心理—社会"因素整合起来，在了解生理机制的基础上，充分调动社会支持系统，开展有针对性的心理辅导。

在综合以往研究和实践的基础上，崔景贵从不同方面又归纳了很多新的模式：①心理教育协同发展模式。突出学会生活、学会学习、学会创造、学会关心、学会做人、学会自我教育。②"生理—心理—社会—教育"协调作用模式。强调通过"自我认识—动情晓理—策略导行—反思内化—形成品质"五个环节，创设适宜的心理教育干预情境，设计有效的心理教育策略，培育健全心态。③心理辅导模式。该模式包括个体心理辅导和团体心理辅导，心理健康辅导和心理发展辅导。④心理教育"四结合"模式。该模式是指学校全体教师和专职心理教师的结合，专门心理教育与学校现有课程教学的结合，集体心理教育、分组心理辅导与个别心理辅导的结合，学校教育、家庭教育和社会教育的结合。⑤"群星拱月"的心理教育"三全"模式，即"全员、全程、全方位"的心理教育模式。全员是指全校师生员工、社会力量和学生家长都参与发展性心理健康教育；全程是指教育、教学各个领域的每个过程都要把心理健康教育落到实处；全方位是指心理教育要由校内扩展到校外，包括学生参加社会公益活动并深入社会、投身实践等。⑥渗透式心理教育模式。一方面充分重视心理教育本身的特殊功能，开设心理教育课，并开展心理讲座、心理辅导、心理咨询等活动；另一方面，把心理教育与各科教学紧密结合起来，通过语文、数学、体育、伦理等课程全面提高学生心理素质。⑦"四结合"全方位、立体式心理教育模式。充分发挥学校教育特点，有组织、有系统、有计划地对学生进行心理健康教育，以促成其心理健康发展。[①]

以上学校心理健康教育模式，为高校心理育人工作途径提供了关键的专业依据；临床心理学和心理咨询领域有关个体心理评估和诊断方面的理论，也为高校心理育人工作途径提供了重要的理论依据。

关于个体心理健康评估，主要有"三原则"和"三标准"。首先根据郭念锋的病与非病三原则，对心理疾病和精神疾病进行区分。区分依据为：①主观世界

---

① 崔景贵. 心理教育模式的建构与整合 [J]. 现代教育科学 ,2004（1）:52-55.

与客观世界的统一性原则；②精神活动的内在协调一致性原则；③个性的相对稳定性原则。排除掉异常的精神疾病后，再根据许又新有关心理健康与不健康的标准，进而把正常心理又分成健康与不健康心理。许又新的"三标准"包括：①体验标准，看个体是否有良好的心情和恰当的自我评价；②操作标准，通过观察、实验和测验等方法考察个体的心理活动过程和效率来评估；③发展标准，从个体心理发展状况进行纵向考察与分析。不健康心理主要包括一般心理问题、严重心理问题和神经症性心理问题等。

可见，个体的心理健康是一个从病到非病、从不健康到健康的连续过程。同理，正常大学生的心理健康状况可以分为心理疾病、心理不健康和心理健康三个层次。按照我国《精神卫生法》的定义，心理疾病属于精神医生的工作范畴。所以，大学生心理育人工作主要针对的是心理不健康的预防和矫正，以及健康心理的培育和发展。据此，可以把构建高校心理育人的途径划为两个层次：一是发展性途径，二是预防性途径。

发展性途径以广大健康大学生为对象，从学生全面发展的层面出发，有目的、有计划地使学生获得最优化、最充分的发展，开发心理潜能，增强大学生心理的自我教育能力，解决大学生在学习和生活中所面临的各种发展性问题，促进其主动发展。如前文所述，心理育人工作要具有发展性。心理育人不能简单地以学生掌握了多少知识点作为课程教学效果评判的依据，不能仅仅满足于学生学习了多少个心理学专业名词和专业术语。心理育人工作的基本出发点是促进学生的发展，因此，心理育人工作要做到以下几个方面：心理育人工作具体任务和具体目标的确定、实施方法和措施的选择应以学生的身心发展水平为依据；心理育人工作的考核和评价，应以大学生的心理发展水平为主要依据；心理育人工作的动态监测，应包括学生心理发展的指标，如情绪、人格和认知能力等。发展性途径的具体形式有开设心理健康教育课程、学科渗透、开展心理社团活动、开展学生发展辅导、举办心理沙龙和心理讲座、营造良好的校园心理文化等。

预防性途径主要以心理不健康状态的大学生为对象，预防心理疾病，增进心理健康。处于心理不健康状态的学生没有明显的病症，但都存在着一定程度的心理困扰，如情绪烦躁、心态失衡。这些困扰对其生活质量和学习效率产生较严重影响。对这部分学生的教育主要以完善认知、调节情绪、锻炼意志、健全人格、培养学习适应能力，增强自我调控、面对挫折的能力，建立和谐的人际关系等为主要内容。对于有严重心理问题与神经性心理问题的学生，则有必要采取矫治性措施，为其提供专业的帮助，使之克服心理和行为障碍。虽然这部分学生人数很少，但这是高校心理育人工作不可或缺的环节，如果处理不当可能引发重大极端事件。预防性途径的具体形式有心理健康测评、心理健康知识讲座、团体辅导、个别辅导、心理情景剧、心理危机干预等。

自 2001 年以来，教育部颁发了《关于加强普通高校大学生心理健康教育工作的意见》等一系列重要文件，强调大学生心理健康教育工作要重在建设、立足教育；指出心理健康教育要以课堂教学、课外教育指导为主要渠道和基本环节，形成课内与课外、教育与指导、咨询与自助紧密结合的心理健康教育工作的网络和体系。这为高校心理育人工作途径进一步提供了专业的政策依据。

二、发展性心理育人工作途径

高校发展性心理育人，更多地关注大学生如何更好地发展、了解自身，如何优化自己的心理素质，如何实现心理潜能的开发等一系列人生发展的重大课题。发展可以是认知品质和特征的改变，可以是良好的情感意志品质的培养，也可以是个性与社会性特征的完善。总之，重视大学生的认知品质、情感品质、意志品质及其他各种个性心理品质的健全发展，促进大学生心理发展的正常演进，促进其整体素质的提高，实现德智体美劳的全面发展是发展性心理育人工作的重点。

根据高校发展性心理育人的基本要求，依据大学生在该阶段已有的心理发展水平、在该阶段的发展课题以及存在的主要心理问题，高校发展性心理育人的主要任务就是促成大学生达成其发展阶段的相应任务，发挥潜能、完善人格，坚持育心与育德相结合，培养自尊自信、理性平和、积极向上、全面发展的社会主义建设者和接班人。从广泛和根本的意义上说，高校发展性心理育人的总目的就是使大学生的心智水平和个性品质得到完全的发展，培养身心健康、德智体美劳全面发展的社会主义建设者和接班人。

根据大学生的显著的心理发展特点，高校对发展性心理育人的工作途径的探索从未止步，开展各种各样形式的工作，有效提升学生心理健康素质。心理健康教育课程、各科教学、各种活动的开展，在学生的心理健康的发展中发挥着无可替代的独特作用，显著提高了高校心理育人工作的有效性。

发展性心理育人功能的发挥还依赖于对学校、家庭、社会等环境中有关资源的开发与利用，如社会教育资源、家庭教育资源、校园文化、辅导员工作、社团活动等。因此，发展性心理健康教育需要构建"社会教育—家庭教育—学校教育—课外班团活动"一体化的教育网络，聘请校外顾问、建立实践基地、请各行各业的优秀模范人物进校做报告、开展学生社团活动等，目的就在于让这些资源充分发挥其最大的功能，充分提高大学生的心智水平和发展个性品质。

（一）开设心理健康教育课程

高校可以根据实际情况，开设心理健康教育必修课程或者选修课程。教育部印发的《关于加强普通高校大学生心理健康教育工作的意见》突出了心理健康教育课程在心理健康教育中的地位和作用。高校大学生心理健康教育课程包括大学生心理健康学科课程和大学生心理健康活动课程，通过传授心理知识、提高心理素质来达到促进学生身心健康、全面发展的目的。将心理健康教育课程纳入学校教学体系之中是高校开展发展性心理育人工作的主要途径之一。

1. 课程性质

2011 年，教育部办公厅印发《普通高等学校学生心理健康教育课程教学基本要求》。该要求确定高校学生心理健康教育课程是集知识传授、心理体验与行为训练为一体的公共课程，指出要把高校学生心理健康教育课程纳入教学计划、培养方案、主干教育课程，作为公共必修课设置 2 个学分，32~36 个学时。延伸教育课程可根据学生情况和需要分布在不同学期开设。

2. 教学方法

心理健康教育课程要充分发挥师生在教学中的主动性和创造性。教师要尊重学生的主体性，充分调动学生参与的积极性，开展课堂互动活动，避免单向的理论灌输和知识传授。课程要采用理论与体验教学相结合、讲授与训练相结合的教学方法，如课堂讲授、案例分析、小组讨论、心理测试、团体训练、情境表演、角色扮演、体验活动等。

3. 教学目标

心理健康教育课程教学应使用具有系统知识的教科书，使学生了解心理学的有关理论和基本概念，明确心理健康的标准及意义，了解大学阶段人的心理发展特征及异常表现，增强自我心理保健意识和心理危机预防意识，掌握自我调适的基本知识和技能，如学习发展技能、环境适应技能、压力管理技能、沟通技能、问题解决技能、自我管理技能、人际交往技能和生涯规划技能等。心理健康教育课程应帮助学生树立心理健康发展的自主意识，了解自身的心理特点和性格特征，能够对自己的身体条件、心理状况、行为能力等进行客观评价，正确认识自己、接纳自己，在遇到心理问题时能够进行自我调适或寻求帮助，积极探索适合自己并适应社会的生活状态。

4. 教学内容

心理健康教育课程的基本内容可分为以下几个领域：

（1）健康人格教育。了解健康人格的理论和特征，了解个体心理活动的规律和个性特征；培养良好的自我意识，培养健康的人格品质；克服自卑心理，避免心理变态和人格异常。

（2）环境适应教育。要了解环境有哪些变化、有什么样的新要求，如何进行及时的调整；学会正视现实，提高心理承受能力，敢于迎接挑战。

（3）人际关系和谐教育。了解人际交往的基本知识和技能，学会与他人交往，优化人际关系，学会共同生活。

（4）智力发展教育。了解智力发展的规律、特点和自身智力发展水平与特点；通过培养观察力、记忆力、想象力，提高思维能力，挖掘开发智力潜力；掌握有效的、科学的学习方法，养成良好的学习习惯，提高学习效率，促进智力发展。

（5）非智力因素的培养。非智力因素的培养主要在于激发学习动机，培养学习兴趣；锻炼意志品质，学会情绪调节，保持乐观的生活态度和良好的心境。

（6）健康恋爱观教育。了解性生理和心理的基本知识；正确处理恋爱中的心理问题，树立健康恋爱观；上好人生必修课，促进人格完善和健康成长。

（7）心理障碍与心理疾病的预防。了解心理障碍与疾病的发生、发展过程，及时克服不良心理，学会寻求心理咨询的帮助。

除了公共必修课，高校也可以根据实际需要开设心理健康教育选修课程。例如，可以针对大学生常见的心理需求开设人际交往心理学、青春期心理、女性心理学以及职业生涯规划课程等。当前丰富的网络在线心理健康教育课程资源，也是开展心理健康教育课程的具体途径之一。

（二）开展学科渗透

在学科教学中渗透心理教育，是高校心理育人全员投入和面向全体的关键途径。一方面，教师要善于发现并利用学科教学中与心理育人有关的内容；另一方面，教师要加强教学设计，将本课程的教学目标与学生知、情、意、行方面的心理素质培养整合起来。学科教学渗透可将心理素质培养融入常规的学科教学，让学生在掌握专业知识、形成相应技能的同时，发展各种心理品质。在具体教学中可以采用问题情境设置、案例分析、课堂讨论等教学方法，结合学科教学任务来体现发展性心理健康教育，调动学生主动参与，使学生心理素质在潜移默化中得到发展，促进学生形成更成熟、更丰富、更健全的人格。

例如，高校的思想政治课程与心理育人关系尤为密切，良好的思想品德和价值观是心理健康的重要前提和保障。可以通过对生命意义和人生价值的探索，帮助学生树立健康的爱情观、金钱观、友谊观、幸福观等。

例如，将大学生体育教学和心理育人相结合。首先，寻找体育教学的典型属性与心理育人目标的契合度。体育教学强调"竞争"与"达成"。体育的"竞争"是在有规则限制、相对公平的条件下进行的，它不仅有利于培养学生勇敢顽强、拼搏进取精神和坚忍的意志品质，也易于使学生养成遵守规则、公平竞争的意识。群体竞争也能促使学生建立团结协作的行为模式。体育的"达成"特点有利于使学生勇于挑战自我、超越自我，体验目标达成过程中的困难与成功，以此培养坚韧不拔的进取心态。显然，体育教学与心理育人是高度契合的。其次，遵循心理品质的形成机制设计体育课程教学。在教学目标上，形成可观察、可测量的行为目标体系，体现心理品质塑造所需要的实践性、互动性、活动性、体验性的特点。在活动设计上，强调群体项目中每个人承担的角色和职责，将考核重点设置成个人对项目的贡献大小而不是个人成绩。在活动原则上，强调在互惠互利中提升合作体验、促进合作意识和合作行为的提升，激励大学生在竞争与对抗中敢于突破常规，大胆进行竞争与合作，奋勇争先又不失体育精神。在教学反馈中注重行为目标与执行力的培养，提升大学生的自我控制能力和意志品质。在体育运动中，大学生虽然经历肌肉酸痛、疲劳、呼吸困难等带来的痛苦，但是能够锻炼顽强的毅力。

（三）开设专题讲座和心理沙龙

举办专题讲座和心理沙龙也是开展高校心理育人工作的有效途径。虽然常规的心理健康教育课程内容相对固定、系统，但是其时效性和针对性相对较差。而专题讲座或心理沙龙可以邀请校内外的专家前来主持，可以聚焦当下最热门或最受关注的话题，其时效性和针对性较强，其专业性和多样性也通常胜过常规的心理健康教育课程。

高校心理育人工作主管部门可以根据学生的意见或者典型问题，有针对性地邀请专家开展讲座。如新生入校后，可以为新生安排角色转变与环境适应的专题讲座，向学生介绍适应大学学习和生活的知识；可以为即将毕业的同学安排就业心理辅导或生涯规划方面的专题讲座，教他们如何调整心态、如何应对求职面试。平时也可以根据学生的实际需求，开展如何养成理性平和心态、如何做自己情感主人、如何面对人际冲突、如何处理亲密关系等专题的讲座。

心理沙龙是一种以心理话题为主题的讨论形式。它主要针对学生关注的热点话题，以陈述观点、交流互动、专家点评等形式，组织参与者进行深入讨论和交流。心理沙龙的内容可以涉及心理健康的各个领域，其形式也是多种多样的，通常要求在结束时尽量得出一个较明确的结论。心理沙龙的优点有学生参与性强、能够引发深入的思考、受环境制约小等。

（四）开展团体心理辅导

团体心理辅导是在团体情境中给大学生提供心理帮助与指导的一种心理育人工作途径，在预防性和发展性心理育人工作中均有重要作用。在团体辅导中，心理教师面向全体成员并积极关注每一个人的心理状况，通过与成员共同商讨、训练、引导，帮助那些有心理困扰的人克服心理发展的障碍，使其健康成长。

团体心理辅导有以下几个优点：第一，在团体活动中，团体可以让学生了解并且体验到自己是被其他同学支持的，可以增进信心，有助于增强团体的归属感和凝聚力。第二，学生在团体活动的场合中与教师接触，可以克服胆怯、减轻压迫感，消除过去的疑惑，改进自己的态度。经过团体讨论、交流分享，学生对学校的各项活动感到更有意义，能够形成更和谐的关系。第三，来自不同生活背景的团体成员，在充满安全、支持、信任的良好的团体气氛中，通过示范、模仿、训练等方法，促进成员相互间的理解。在团体活动中，不论交流信息、解决问题、探索个人价值还是发现共同情感，成员间都可以提供更多的观点和理解。第四，学生对于自我的成长、心理素质的发展、潜能的开发有着强烈的渴望和追求。团体心理辅导在发展性模式下面向全体学生，促进学生激发各种潜能，引领学生对健康的积极向往，从而促进学生人格的健全发展。

心理拓展训练也是团体心理辅导的一种具体形式。它是一种典型的户外体验式辅导和学习。参训成员通过充分感受、继而理解，最终能够把感悟和收获应用到日常生活中。大学生常用的拓展训练有千米长跑和俯卧撑专项运动等体育活动，以及"无家可归""同舟共济""建高塔"等团体游戏活动。此外，大学生也可以参加心理障碍突破训练、抗挫折能力训练、情绪调控训练、个性塑造训练等心理拓展训练。

（五）组织高校心理社团活动

高校心理社团是大学生基于对心理学的兴趣，本着完善自我、服务他人的宗旨自愿成立的学生组织。通常由心理学专业的学生组织建立，归属于学校心理健康中心。心理社团活动，就是在高校里由经过筛选和培训的教师和学生，通过在校园里开展心理知识宣传、心理辅导、团体训练等活动，解决参与者和周围同学所遇到的基本的心理问题，使自我和受助者的心理素质向好的方面转化的心理健康教育活动。

随着高校心理健康教育工作的不断推进，高校心理社团也得以蓬勃发展，在心理健康教育工作中起着重要的作用。具体表现在以下三个方面：①在大学生心理健康教育宣传工作中，心理社团通过报纸、宣传栏、广播等各种媒体以及举办心理沙龙、心理情景剧、影片心理赏析等形式多样的活动开展心理健康知识宣传；②在大学生心理危机干预预警工作中，心理社团主要负责对身边表现异常或患有严重心理问题、精神障碍的同学进行早期识别与报告；③在大学生心理辅导工作中，心理社团成员适当开展朋辈辅导工作，为身边的同学排忧解难。

因此，心理社团被定位为高校心理健康教育工作体系的重要补充、重要环节或载体。高校心理育人应尊重心理社团的独立性，培育他们的主体意识、自主能力和创造才能，促进心理社团进行自我管理、自我教育与服务他人，引导心理社团致力于提升社团整体素质、健全制度规范、提升活动品质。全面发展的心理社团既能够切实减轻专职心理教育工作者的工作负担，又能够促进学校心理健康教育工作的发展，使高校心理健康工作做到"从学生中来，到学生中去"。学生心理社团开展心理健康教育工作有着得天独厚的群众基础和丰富的人力资源，在时间和空间上有着无限的扩展性。借助各种媒体，心理社团有能力开展一系列的心理健康教育实践活动；借助宿舍、班级等单位，心理社团能够举办各类心理健康教育主题活动，使心理健康教育渗透到校园的文化建设中。

心理教育主题活动是指具有宣传心理健康知识、引发参与者良好心理体验或提升其心理素质等功能的心理健康教育活动。它是心理社团得以生存，甚至是心理健康教育宣传工作得以有效开展的生命线。由学生自己组织开展的心理健康教育主题活动，往往会因为其特殊的性质以及学生之间的交流和启发，对于削弱来访学生的戒备心理有一定的帮助，也会在一定程度上达到共同探讨、互帮互助的促进作用。这也与高校心理互助的口号相呼应。

于每年的 5 月 25 日，各个高校心理社团会面向全校大学生开展相应的心理健康科普活动。此外，还会有"心理健康月""心灵广场"等活动。这些活动内容丰富多彩，包括人格测试、情绪测试、职业测试、房树人、自画像等心理测试活动，还有心理仪器的展示，为大学生提供了一个近距离接触并了解心理学的机会。

近年来，多数高校非常重视心理健康教育主题活动。最典型的是举办"心理健康教育月"活动和"5.25 大学生心理健康节"。这种融合身心健康的文体活动和心理教育活动，具有较强的吸引力和感染力，可唤醒高校学生的心理健康意识，有助于形成人人关注心理健康的校园心理氛围。

播放心理主题类电影也是心理社团活动的重要内容，可大大激发同学们对心理学和心理健康的兴趣。影片播放前，通常有观看引导；放映结束后，有相关心理学影评；或者让学生互相讨论，交流各自感悟，分享所得，在活动中共同获得心理方面的成长。要注意的是，影片的播放要有计划、有针对性，并且涵盖内容广泛、全面。

此外，还可以举办心理情景剧表演、心理漫画展、主题征文大赛等活动，采用喜闻乐见的形式，宣传普及心理健康理念，吸引同学的关注，帮助学生健康成长，促进同学对心理健康的重视。这些活动还可以为学生提供一个展示自己、感悟生活的舞台。

多样化的高校发展性育人工作的开展，推动了心理健康知识的普及和传播，充分挖掘了学生心理潜能，培养了积极心理品质，促进了学生身心健康发展，对学生心理健康发展发挥了重大作用，培养了一批批优秀的身心健康、德智体美劳全面发展的社会主义建设者和接班人。

（六）建设心理健康教育微信公众平台

在日新月异的网络时代，大学生之间的交流工具已经不再局限于 QQ、校园 BBS、微博等社交平台，而使用最广泛的是后来居上、集成现有通信方式众多优点的"微信"。微信公众号的文章推送成了大学生获得碎片化信息最多的方式之一。高校可以建设具有学校特色的心理咨询中心微信公众号，为学生推送日常心理健康教育方面的内容，为学生提供日常调适心理困扰的知识和技能；提供网上测评链接，让学生参与心理测评更便捷；宣传学校的关于心理健康方面的讲座信息，扩大活动宣传的力度。

例如，华南师范大学心理咨询研究中心的微信公众号是其官方公众平台，其粉丝超过 5 万人，有许多优秀的心理学知识推文。腾讯做过一篇年度总结推送《华南师大心理咨询研究中心的 2017》，该推文显示，华南师大心理咨询研究中心微信公众号传播力超过 62.13% 的公众号，累计阅读数 10 万，勤勉度超过 61.57% 的公众号，热点覆盖率超过 60.87% 的公众号。

心理社团也可以紧跟时代步伐，利用微信这个工具，更加便利地走进大学生的心理生活。通过新媒体平台，更能够加强与同学的日常交流和互动。在平台上设置不同的板块，如案例分享、心理知识科普等，也可以向全校对心理学感兴趣的大学生征集与心理相关的小故事。这样的微平台能以更加便捷、自主、互动的方式成为心理健康知识传播的新载体。

（七）营造校园心理文化

营造良好的校园心理文化也是发展性心理育人的有效途径。校园文化具有潜在而重要的心理健康教育价值，对学生的心理健康往往有着不可估量的作用。在校园文化中渗透发展性心理健康教育，是学校心理健康教育整体实施策略的重要组成部分。校园文化对心理健康教育的重要意义在于可以培养学生健康的情感情绪，可以培养学生良好的心理品质，甚至影响其世界观、人生观的形成。

校园心理文化建设的目标是通过文化内涵和文化活动的熏陶，把精神力量内化为大学生的心理能量。校园文化具有浓厚的理想主义色彩，在精神和价值引导上超越于一般的社会文化。然而，它不能脱离现实社会的大背景，必须与大学生的心理发展过程融为一体。这就要求我们提供现实的物质基础，在科学方法的指引下，分析大学生的客观精神状况，着力培养他们知、情、意、行方面的能力，提高他们对学校的满意度，使他们在教育目标上与学校形成共同的心理契约，提高他们的人生幸福感。

叶澜教授曾经指出："当今学校文化建设十分现实和重要的任务，不是回避或以精神否定财富的方式来形成学生积极的人生态度，而是要从财富与精神、幸福人生关系的意义上，帮助学生形成健康、积极的人生观和生活方式，这是基础教育学校文化建设的首要任务。"建设高校心理文化需要确定合理的内容和形式，重点要探索符合学生个体心理发展和群体规范形成的方法。群体规范的形成是一个复杂的过程，受模仿、暗示、从众、服从等心理因素的影响。群体规范的影响力取决于群体凝聚力，与个体心理发展是相互作用的。要建设一个积极健康的群体必须运用多种手段，通过各种活动，提高学生对校园生活的满意度、幸福感。

校园心理文化具有群体性、开放性，对于学生来说具有群体效应，它使学生群体朝向自己认同的文化氛围，表现出从众求同而又不失个性的风格。同时，校园文化也为校园群体行为及价值趋向提供了较广阔的选择余地，指向积极、向上、健康的文化内容，使不同的文化感受呈现出相近或相同的精神内涵，使校园文化物质方面和精神方面对青年学生的气质、风度、人格等心理品质都有熏陶作用和规范作用。

良好的校风、班风、人际关系本身就是学校发展性心理健康教育的目标，和谐民主、积极向上的校园心理环境，有利于推进学校发展性心理健康教育的整体发展。校园心理文化对学生的心理影响是潜移默化的、持久的、积极的。借助校园广播、海报、板报等形式的宣传，能够让学生在日常生活中学习到相关的心理健康知识。学生的智力、情感、意志等心理活动在文体活动的过程中形成的，教师与学生、学生与学生的人际关系和人际交往也是在文体活动中同时产生的。在文体比赛过程中，学生的心理世界充分敞开，最深切地体验着成功的喜悦和失败的痛苦。校园文化通过感染、暗示、同化、激励与心理调适等多种方式，改变着学生的情绪、情感、行为规范与生活方式等，有效地克服和预防了学生心理发展的不良倾向。同时，通过发展性心理健康教育与校园文化的结合可以建立积极的大学生心理健康教育危机干预体系。

在校园网络信息传播环境中，不同国家、不同学校的教育资源和科研成果纷纷以数字化的形式进行跨时空的传播，最新的知识成果能及时在网上发布。校园网络建设使信息传播跨越时空的障碍和校际的围墙，提高了知识传播的效率。大学生可以从网上零距离接触最优最新的文化知识，并可以交流不同的文化观念与信息前沿。高校校园网络文化也因此形成了多元化的、体现最新信息与观念的内容体系，这极大地满足了大学生的求知与求新心理。

高校可以针对在校大学生不同年级的心理特点来开展相对应的网络心理健康

教育。刚进校门的大学生对高校校园网络的情况所知寥寥，对色情、暴力、错误舆论等不良网络内容缺乏抵挡能力，需要受到保护、帮助和引导。对大一新生，可以通过入学网络教育、网络专题讲座、网络主题班会等帮助他们正确认识网络，养成良好的网络行为方式。大二、大三的学生从总体上说其心理是相对稳定和健康的。这一时期导致他们心理发展不平衡的因素主要与专业学习、人际关系、恋爱等相关，而网络的理想化和成就感恰恰弥补了他们现实的缺憾。随着这些学生上网时间的增加和对现实的漠视，其精神世界由于得不到充实，造成了对网络的依恋进一步加深，他们需要进行网络法规教育及正确的网络人际交往观的培养。大四学生的心理趋于成熟稳定，其主要问题是面对就业市场竞争产生的心理压力。有的大四学生害怕走出校园，不愿走向社会，互联网成了他们逃避现实、寻求自我解脱的一个良好的渠道和环境。因此，要帮助他们认清网络中的自我与现实中的自我，摆脱网络迷恋，顺利完成学业，走向社会。

高校心理育人工作部门应积极拓宽心理健康信息传播渠道，充分利用广播、电视、书刊、影视、动漫等传播形式，组织创作、展示心理健康宣传教育精品和公益广告，传播自尊自信、乐观向上的现代文明理念和心理健康意识。高校心理育人工作部门应创新宣传方式，主动占领网络心理健康教育新阵地，建设好融思想性、知识性、趣味性、服务性于一体的心理健康教育网站、网页和新媒体平台；广泛运用门户网站、微信、微博、手机客户端等媒介，宣传心理健康知识，倡导健康生活方式，提高心理保健能力；发挥学生主体作用，支持学生成立心理健康教育社团，组织开展心理健康教育活动，学习心理健康知识，提升心理调适能力，积极进行心理健康自助互助；强化家校育人合力，引导家长树立正确的教育观念，以健康和谐的家庭环境影响学生，有效提升心理健康教育实效。

三、预防性心理育人工作途径

《高等学校学生心理健康教育指导纲要》中强调高校心理育人需要发展性与预防性相结合。发展性心理育人工作重在加强心理健康知识的普及和传播，充分挖掘学生心理潜能，培养积极心理品质，促进学生身心和谐发展。预防性心理育人工作则强调重视心理问题的及时疏导，加强预防、识别、干预常见精神障碍和心理行为问题，最大限度预防和减少严重心理危机个案的发生。预防性心理育人工作使学生心理健康问题及时得到关注，其处理措施得当、效果明显，心理疾病发生率明显下降。本节从预防性心理育人的基本要素入手，探讨高校预防性心理育人的工作途径。

（一）建立完善学生心理健康档案

开展心理普查，建立学生心理健康档案，切实加强心理健康教育的针对性和实效性，是全面了解学生心理健康状况的有效手段。大学生心理咨询工作在我国虽然已经开始，但仍然有可以改进和加强之处。当前高校心理咨询的主要问题：一是被动等待大学生前来进行咨询，而非主动出击；二是心理咨询工作有头无尾，没有贯彻始终。

坚持对受教育者进行心理普查是心理健康教育的第一步受教育者的身心发展特点制约和指引着教师的教学活动。高校预防性心理育人应以全体大学生为教育对象。《礼记·学记》中提出，成功有效的教育就在于"长善而救其失者也"。而"长善救失"的关键又在于全面了解学生的心理特点，即"知其心，然后能救其失也"。因此，要切实增强心理健康教育的针对性和实效性，就必须要全面深入地掌握学生的心理健康状况，建立与完善大学生心理档案。全面了解学生心理健康状况是高校开展个性化的、因材施教的心理健康教育的前提条件。

大学生心理档案的建立是高校心理健康教育机构借助各种专业的心理测评工具，如症状自评量表（SCL–90）、卡特尔16种人格因素测验（16PF）以及霍兰德职业倾向问卷等，对学生的心理健康状况、人格特征以及职业兴趣、职业能力等进行心理诊断测量后，对其测量结果进行记录、整理、分析并分类保存，以便查找利用的所有材料的总和。在此基础上为每位学生建立一份心理健康档案，可以为心理健康教育工作的开展提供科学的、有针对性的依据，但在具体工作时应注意心理测量的结论在使用上要十分慎重，一般只能作为参考。

大学生心理档案记录大学生心理成长轨迹，是一个动态发展的档案。档案中记录的学生情况要随着学生心理发展而随时更新，特别是人格、智力、心理健康、学习心理及职业能力等方面情况，要定期施测和进行分析，并针对不同学生的身心发展特点及时提出相应的教育建议或培养策略。

（二）心理咨询工作贯穿大学生活始终

建立大学生心理健康档案只是预防性心理育人的第一步，有效管理和利用大学生心理健康档案才是关键。一方面，通过档案可以了解、评估、界定大学生的心理健康水平，预测其发展走势；另一方面，通过专业的心理测量，能把存在一定人格问题或正遭遇特殊生活事件、正承受较大精神压力或已发生心理问题的学生从学生群体中筛选和甄别出来，以便能够及时采取有针对性的措施帮助他们减轻压力，有效预防严重心理问题或心理危机事件的发生。

心理健康教育工作者应对心理健康水平较低或者出现一般心理问题的学生给予积极关注，提供心理辅导，同时充分发挥非正式群体即朋辈辅导的作用；根据学生心理档案中所提出的教育培养建议，对于心理问题比较严重的学生，及时与学校心理健康教育中心联系，进行跟踪调查，利用学生心理档案上关于能力、人格、心理健康、学习心理及职业特点等方面的较为具体的教育及培养策略，有针对性地做好个别辅导工作，防止危机事件的发生。

1. 传统心理咨询

个别心理咨询是心理咨询中最常见的形式。在方式上，个别心理咨询是咨询师与来访者两者发生的单一交往，而与当事人所处的社会、集体及家庭环境毫无关系。在内容上，它着重帮助当事人解决个人的心理问题。心理咨询是咨询师通过与来访者之间的语言、思想、情感等方面的交流，在特定的心理氛围中，应用心理学的专门知识和技术，给予来访者在学习、工作、生活、疾病及保健等方面出现的心理问题进行解释疑惑、商量讨论、提出建议，以帮助、劝告、教导等方式来促进来访者心理健康的过程。个别心理咨询为来访者提供心理帮助，帮助来访者达到以下的目的：①建立新的人际关系；②认识内部冲突；③纠正不合适观念；④深化求助者的自我认识；⑤学会面对现实问题；⑥增加心灵自由空间；⑦帮助求助者做出新的有效行动。

此外，还有团体咨询。目前，个别心理咨询的方式已满足不了大学生的心理需要，针对大学生的共性问题开展团体咨询便成为高校心理咨询的重要方式之一。

2. 新兴心理咨询——网络化心理咨询

我们正处在一个信息化的时代，教育信息化是实现教育现代化的必经之路，也是教育现代化的重要内容和主要标志。由于网络具有平等性、隐蔽性、便捷性和实时性等特点，高校预防性心理育人要特别注重网络阵地的心理健康教育，强化网络心理健康教育和思想政治教育的作用。高校应借助网络平台，开设符合本校学生实际的心理教育网站，开展网络咨询、在线测试、网络问卷调查等，构建网络心理健康教育系统，并且与线下的交流辅导相结合，有针对性地解决一些学生在网络上显露出的心理状况和心理问题，有的放矢地对学生进行心理健康教育。

广义的网络化心理咨询是指来访者通过互联网学习有关的心理健康知识，并通过互动的方式为来访者提供心理咨询和健康辅导的一种咨询模式。网络化心理咨询这种方法已经成为一种新型的帮助人们解决生活和工作问题的咨询模式。有效的网络化心理咨询，一定是建立在科学、合理的网络咨询平台上的，以便满足咨询双方的需求。因此，内容的模块化和工具的实用性就成为保障网络化心理咨询顺利实施的必要手段。模块化的内容，有助于针对来访者的个性特征和问题提供不同的心理环境和不同类型的服务；工具的实用性则使得咨询者在使用的时候更加简洁，真正达到工具为人服务的目的。由此可见，网络化心理咨询并不是狭义地将网络技术与心理咨询叠加，而是指可以使用网络的双方，通过网络平台，摆脱时间和空间的限制，结合心理学的原理和知识，对来访者进行心理健康的宣传和心理问题的疏导。

以网络为主要媒介的网络化心理咨询，可以通过以下具体实施途径来完成。

（1）人机互动

人机互动主要是指来访者和电脑之间通过计算机智能完成简单的心理咨询过程。高校可以设立专业的心理咨询信息管理系统。来访者通过学号注册账号，并填写基本的个人资料，登录后，可点击链接，进行心理测评。完成初步的心理测评后，网页会自行弹出测评结果。通过这一过程，来访者可以准确、客观地了解自身的情况，同时可以选择下一步的解决方案，进一步促进来访者主体性的发挥。

（2）人人互动

在咨询师与来访者互动的方面，网络化心理咨询可以分为实时互动和延迟互动两种类型。所谓实时互动，即咨询师和来访者通过QQ、微信等社交工具，进行即时互动。延迟互动则是指来访者通过电子邮件（E-mail）、论坛等平台，通过留言的方式与咨询师取得联系，咨询师运用心理咨询的原理在限定的时间内做出回答，并通过邮件或留言的方式反馈给来访者。

（3）自助咨询

自助咨询主要是由来访者自己选取既定的美文、图片或音频和视频来完成心理辅导。在心理咨询的网络平台上设置各种常见大学生心理问题自我调适知识和技能指导的文章、图片、音频或视频，供来访者选用。在来访者通过人机互动获得心理测评结果后，来访者可以根据自己症状的轻重缓急，及自身的调节水平，选择相应的方式尝试进行心理问题的自我调适。

高校引入网络化心理咨询尚且处于试行阶段。目前，网络化心理咨询还是一种辅助的咨询手段，但是与传统咨询方式相比，其优势已逐渐显现出来，这种不受时间和空间限制的咨询方式，以及在咨询过程中体现的自主性、便捷性和匿名性必定会给它带来远大的发展前景。

（三）开展朋辈心理辅导

朋辈心理辅导是指由经过心理辅导知识与技巧培训的非专业人员（朋辈心理辅导员）在日常学习和生活中，自觉开展心理知识普及、心理问题探讨、心理情感沟通、心理矛盾化解、心理机制干预活动，帮助同学和朋友解决日常遇到的心理困扰，推动学生群体的互助、关怀、支持，实现学生"自助"的成长模式。它可以理解为非专业心理工作者作为帮助者在从事一种类似于心理咨询的帮助活动，是一种特殊的心理咨询形式。朋辈辅导的最大优点是有助于心理问题的预防。朋辈辅导是专业心理辅导的重要补充。

在专业心理辅导中，专兼职心理辅导教师所能接触的学生一般是主动到心理咨询中心来寻求心理帮助的学生。心理辅导教师较少主动接触学生，不了解学生的苦恼和困扰，他们只能被动地在心理咨询中心等待学生上门。而朋辈心理辅导是在同辈、同学朋友之间进行的一种心理辅导。朋辈辅导在建立咨询关系上具有其他咨询辅导形式所没有的独特优势。学生在遇到心理问题时更倾向于向朋友倾诉，由于同辈之间具有类似的生活经历、价值观和情感体验，往往能够快速良好地进行沟通交流，从而容易形成信任、稳定的咨询关系，达到较好的咨询效果。在朋辈心理辅导中，助人者可能与当事人共同生活，空间距离接近、交往频繁，非常便于提供安慰、鼓励、劝导等心理支持，这就将心理援助的覆盖面大大拓宽了。专业心理咨询需要咨询员一开始便与当事人建立良好的可相互信任的人际关系，这一过程需要时间，而朋辈心理辅导一般不需要这一过程。由于担当朋辈心理辅导工作的通常是当事人比较要好的同学或朋友，这些同学或朋友易于接触，其建议和意见容易被接受，从而能够及时缓解他们的心理压力。此外，担当朋辈心理辅导的同学，往往与当事人共同生活和学习在一起，对监督建议的实施以及改善环境极为有利，这些因素都使朋辈心理辅导的有效性大大提高。

同时朋辈辅导的实施更加灵活，可以不受时间和地点的限制，只要咨询双方的条件允许，即可实施辅导。个别对话、团体互助、心理沙龙、网络聊天、心理电影赏析等活动都是具有朋辈辅导特点的心理辅导形式。

（四）开展心理情景剧活动

在开展大学生心理健康教育活动中，心理情景剧作为一种团体心理辅导的方法，非常受欢迎，也很值得推广。心理情景剧源自著名的维也纳精神病理学家莫雷诺（J.L.Moreno）创立并发展起来的一种团体治疗的方法——心理剧。心理剧通过特殊的戏剧形式，让参与者扮演某种角色，以某种心理冲突情景下的自发表演为主，将心理冲突和情绪问题呈现在舞台上，以宣泄情绪、消除内心压力和自卑感，增强当事人适应环境和克服心理危机的能力。正如瑞典心理剧导演布洛姆奎斯特所说，心理剧所演出的场景是"代表自己的某个东西，并不会有任何隐藏，个人投入这些新的、不熟悉的经验，这些比解释跟诠释更来得重要"。与其他的心理治疗方法相比，心理剧有着许多独特的优势。与心理剧不同，心理情景剧着重于面向校园所有学生开展教育和知识普及。心理情景剧是由学生借助舞台来呈现日常学习生活中典型的心理困惑、冲突和矛盾，在心理教师和全体表演者的参与下呈现如何应对和处理心理问题的过程，从而使全体学生受到教育启发的一种心理辅导方式。它能对大学生产生一种积极的潜移默化的心理影响和人格影响，使得大学生及时调适自己的心境和情绪，保持一种乐观向上的健康心态，以饱满的热情投身到紧张的日常学习和生活当中去。校园心理情景剧在演出过程中，包含四个主要元素：舞台、观众、引导者和演员。舞台是演出的载体，引导者在台上推动剧情的发展与现场观众情绪的发展，并引导大家进行思考。演员在舞台上主要起到设置场景，使场景真实化的作用。

心理情景剧可以防止学生对自身心理问题的掩饰压抑。心理情景剧没有固定的剧本，剧本就是由主角及所有参加演戏的演员共同创造出来的。它是开放性的，完全可以在演戏的过程中修改、丰富、完善和创新。这种随机的、隐匿性的展现问题的方式，让主角很容易去掉伪装和掩饰，从而通过剧中的人物表现自己的意愿、观念、性格和行为方式。但实际上，在剧中的任何一个角色的言行，都投射了他本人身上很多的东西。心理教师能够很清晰地看出每个人的特点和问题所在。这实际上是一种很好的投射测验。对于心理较为脆弱的学生来讲，这种暴露心理问题的方式因带有一定保护性质的色彩而容易被接受。

心理情景剧给学生提供了一个宣泄不良情绪的场合。由于高校大学生正处在成长期，涉世未深，情绪不稳定，遇到挫折时很容易累积负面情绪却无处宣泄，心理情景剧正是为这样的学生提供了一个释放消极情绪的场合。在剧中，由于有配角的积极配合，当事人很容易进入状态，他（她）可以借剧中的人物尽情地发泄自己的情绪，揭示内心深处的症结。在知情观众的协助及心理教师的指导下，当事人在痛快的宣泄之后，可以使愤怒、焦虑、恐惧等负面情绪得到一定程度的缓解。在此过程后，当事人往往可以在心情相对平静的状态下，冷静地分析问题，或在角色置换的过程中，学会处理问题的方式方法，把握自己的情感。

心理情景剧为学生创造了一个塑造良好行为模式的机会。现在的学生大多是独生子女，特殊的生活环境使他们容易在如何看待自己、如何对待别人、如何对待挫折、如何适应新的环境等方面产生困惑。这些都是困扰学生的较为典型的心理问题。采用心理情景剧疗法这些心理问题解决，往往会收到优于个别咨询的效果。心理问题常常是在人际互动的环境中产生的，而心理情景剧恰恰可以为他们提供一个人际互动的场合。如有的心理问题是和父母的关系问题，那就可以在剧中给他设置一个家庭环境；有的是人际关系问题，那就让他现身在人际紧张的环境当中……在这样的场合里，学生可以通过主角或配角的身份，把自己的观念、行为模式加以演示。在此过程中，通过镜像技术让表演者在局外观察自己的行为方式对别人、对自己以及对人际关系的影响，从而进行深一层次的自我认识，重新评价自己观念的正确性，重新审视自己行为的适当性。通过角色转换，让表演者有机会学习他人的行为模式，掌握处理问题的方式方法，帮助他们改善个性心理结构中不良的倾向，建立健康的个性心理参照体系和行为模式，形成健全的人格。

心理情景剧的舞台就是生活的小小缩影。学生在生活中发生的一切问题都可以通过演剧的方式呈现在舞台上。正是因为心理情景剧比其他的心理教育更加形象化、生活化、深入化，所以它能使参与演出的配角以及在场的许多观众很快地与剧中的某个人物产生共情，与之同哭同乐同感受，在角色宣泄了负面情绪的时候，随之痛快；在角色有所收获的时候，也获益匪浅。这种收效在心理情景剧的最后阶段即分享阶段表现得更为突出。在这个阶段，每个人站在自己的角度去谈感受、分享自己生活中有关的经历和体验，这对于现场的每一个人来讲都是一次认知观念和行为模式整合的机会，学生可以在较短的时间里掌握他人在现实生活中的经验，掌握应对困难时更多的方法和对策。

（五）实施危机干预

危机干预是指干预者采取紧急应对的方法帮助当事人从心理上解除迫在眉睫的危机，使其症状得到缓解和消失，心理恢复平衡的过程。危机干预主要通过预防教育、早期预警、危机干预、后期跟踪等步骤进行。大学生心理危机干预是一项系统的工程，应立足教育，重在预防。危机干预是一种心理治疗措施，但区别于一般的心理咨询和治疗，它是在简短治疗基础上发展起来的治疗方法，是一种特殊的心理咨询服务。它的基本目标不是寻求根治，而是争取在较短时间内使当事人从危机事件中过渡。与普通心理咨询和治疗相比较，危机干预突出的特点是帮助的及时性、迅速性，其有效的行动是立见成效的关键。危机干预理论研究在目前有两方面值得关注：其一，评估的重要性。危机评估就是对当事人是否处于心理危机之中、危机的严重程度、当事人的反应模式、有无可以利用的社会支持的资源等进行评价。在危机干预中，评估是进行干预的前提条件，贯穿干预过程的始终。干预者必须通过不断地评估确定危机的严重程度，确定当事人的心理状态，才能确定采用相应的应付策略和支持系统等。其二，干预模式的研究。危机干预模式具有三个特征：一是划分干预过程的不同阶段。通过技术性区分各个不同阶段的特点，采取针对性措施与策略。二是将不同的干预模式、支持资源加以整合。通过整合技术，发挥干预系统的功能，使效果达到最优。三是特异性发展，即针对不同人群、不同应激情境做深度拓展，发挥干预的特异性效果。

面对危机事件，组织机构最重要的职责是协调和组织。目前，高校党委领导下的校长负责制决定了协调组织的核心必须是由党委书记和校长组成的应急指挥中心。在危机事件下，启动应急机制，制订工作计划，指定相应的执行机构——一般是院长办公室或学生处负责协调各系部迅速成立干预协调小组。干预协调小组按照突发事件的严重程度，在应急指挥中心的统一安排下，按照突发事件的不同类别，组织相应级别的突发事件心理援助行动。通过这样的构成，初步形成了党委牵头、统一领导、部门协作、分级负责的应急体系。

做好学校心理危机干预工作，除了应急指挥机构的及时协调组织，在具体执行中还必须依靠院系学生管理队伍和学生社团的力量，共同推进心理健康教育的深入和发展。这项工作关键是建立心理健康与危机干预、纵向和横向相结合的心理援助服务网络：由班级同学和辅导员构成一级网络。高校相关部门、心理咨询中心构成二级网络。校医院心理门诊、社会心理咨询及诊疗专门机构构成三级网络。从纵向角度来看，由院系学生管理机构及班级、校级心理干预机构，社会心理干预机构构成的各级网络为危机干预提供了人员和技术上的保障。当危机事件发生后，指挥部门可以按照突发事件的不同等级，协调相应的干预网络开展工作。当低层次的网络干预不足以达到预期的效果时，可以申请更高级别的援助与支持。从横向角度来看，各级网络的干预工作也并非是孤立的，而是具有各自完整的援助措施。一级网络通过辅导员、学生社团、班级群体开展心理健康教育。发现出现心理危机征兆的同学，可通过谈话、社团活动、与家长协调等方式消除学生的危机感，缓解症状。二级网络的心理危机干预管理机构则通过讲座、心理健康宣传等方式提高学生的心理自我保健能力，通过一级网络的信息以及日常的心理咨询、心理测试等确定是否要给出相应的解除心理危机的对策。如若确诊，应对患者实施必要的心理辅导，并通过三级网络引入社会力量，寻求社会专家和专业机构的支持，让患者接受正规系统的心理治疗。

（六）建设心理健康网络系统

随着网络技术的日益发展与成熟，高校的网络普及面越来越广，利用网络对大学生进行心理健康教育已成为一种新的形式，为心理健康教育带来了新的生机。高校在开展传统的面对面的心理咨询和电话心理咨询的同时，也应注重开辟网上心理健康教育渠道，开展诸如网上心理培养、网上心理训练、网上心理咨询、网上心理测试、网上心理诊断、网上心理治疗等心理健康教育活动。网络使人们摆脱了种种束缚，扩大了交际的领域，使人们可以在平等、自由的氛围里进行交流沟通。学校的教育者也可以充分利用网络工具，加强与学生进行网上思想交流，主动通过网络与学生进行平等的聊天、讨论，通过对称的信息流和多渠道的沟通来了解情况、掌握动态、解答疑难、化解矛盾，进一步加强对大学生的引导；使大学生的情绪得以合理宣泄，意愿得以表达，对心理起到调适的作用。

当前，我国高校心理健康教育人才资源难以满足大学生需求的快速增长。网上心理健康教育有利于把心理健康教育与网络技术有机结合起来，通过建立心理健康教育网站或制作心理健康教育主页，供大学生们阅读，并在网上与学生进行交流。网上心理健康教育可以大大减轻心理健康教育工作者简单重复的工作量，提高了工作效率；同时，网上交流具有隐蔽性。这可以使对心理咨询心存疑虑的大学生大胆地说出自己的隐私和心理困惑，并在教师的帮助和指导下，解除心理困惑，医治心理疾病，有效避免了因难以启齿等原因导致隐瞒症状等现象的出现。

目前高校基本上都实现了"数字化校园"建设的目标，网络与大学生的学习、生活紧密地结合在一起，这为开展网上心理健康教育提供了前提条件。网上心理健康教育符合青年大学生闭锁性和开放性并存的心理特点，一方面，当出现心理困惑时，大学生往往掩饰内心世界，没有勇气去心理咨询中心寻求面对面的帮助；另一方面，他们强烈地希望被他人接纳，渴望与人沟通、交流，需要被人理解和帮助。因此，网上心理健康教育更有可能被大学生接受。

开辟网上心理健康教育渠道主要应做好以下三方面的工作。

第一，构建网上专家型心理健康知识系统，促进大学生的自我教育、自我帮助。所谓专家型的心理健康知识系统，就是指系统在大学生心理问题不明确的情况下，提供心理量表或问卷进行心理问题诊断，并根据心理问题提供解决建议；或直接在心理问题驱动下，系统给出问题解决的建议。研究表明，当前大学生存在的心理问题绝大部分属于"适应和发展方面的障碍"，如人际关系方面的、学习方面的问题。这些问题可以通过求助于心理咨询来解决。但实际上，中国大学生的心理特质和社会化特点使得他们更多的是通过非专业的途径来解决所面临的心理和行为问题，一是找朋友、家长或教师谈心而得以解决，二是自己在思索、顿悟中得以解脱。因此，构建网上心理健康知识系统，正适合于在学生有心理困惑寻求解决办法时，给他们提供有针对性的心理保健知识，使他们实现自我教育、自我帮助，有效地解决心理困惑。

第二，开展网上心理辅导、心理咨询和治疗等各种形式的心理健康教育活动。在学校网站中开办心理健康教育主页，开展各种形式的心理健康教育活动，如网络咨询、网络辅导、线上治疗。网上心理健康教育活动应由高校心理健康教育工作者在线提供指导。面临心理困惑的学生能通过电子邮件或者 QQ、微信等聊天工具，通过即时文字交谈、即时视听等方式与教师进行敞开心扉的沟通和情感上的交流，从而得到教师的及时指导，及时克服心理或行为障碍，解决心理困惑。

第三，建立线上与线下相结合的工作机制。为了实现对大学生心理健康问题的及时发现、早期干预和有效控制，应当建立线上与线下相结合的工作机制，即线上心理测验与线下筛查、干预、跟踪、转介一体化的工作机制。以对全体大学生进行线上心理测验为基础，把部分有心理问题倾向的大学生筛选出来，通过心理测验，进一步进行有组织、有计划、有目的的心理调查。根据相关标准将确有心理问题的学生进行分类，主动进行相应的心理咨询与心理辅导，并对其进行跟踪观察和进一步诊断，将有严重心理疾病的学生转介到专业精神卫生机构接受心理治疗。这一工作机制在很大程度上提高了大学生心理健康教育的针对性和有效性，有利于增强心理健康教育工作的实效性。

第三节 高校心理育人的预防干预体系

心理危机对大学生的身心会产生严重伤害。极端的危机事件还可能夺走其宝贵的生命，重创家庭，影响社会的安全稳定。构建科学合理、行之有效的学校心理危机干预机制，有效预防、及时处置、合理善后心理危机事件，是高校思政工作的一项重要内容。本节介绍心理危机干预的基本理论、常见心理危机预防与干预技术、心理危机干预的步骤和注意事项，供高校思政工作者在工作中参考。

一、心理危机干预理论与危机排查

（一）心理危机干预的定义

心理危机是指当人们遭遇突发事件或面临重大的挫折和困难，当事人自己既不能回避又无法用自己的资源和常规处理问题的方式来解决时，出现的暂时心理失衡状态或心理应激反应。从这个定义可以看出：①危机事件是突发的，往往无法预料；②危机事件的破坏性较大，会给当事人造成重大压力；③不具备解决危机能力的当事人会体验极大的痛苦，进而产生紧张、恐惧、悲伤、绝望等情绪，甚至做出自杀等极端行为。

心理危机干预的概念最初源于林德曼和凯普兰的研究，他们认为危机干预是化解危机并告知被干预者如何应用较好的方法处理未来应激事件的过程。帕德瑞认为："危机干预就是指在混乱不安的时期，一种积极主动地影响心理社会运作的历程，以缓解具有破坏性的压力事件所带来的直接冲击，并协助受到危机直接影响的人们，激活其明显与潜伏的心理能力及社会资源，以便能适当地应对压力事件所造成的结果。"

《心理学大辞典》中这样描述心理危机干预："危机干预是一种心理治疗措施，是对处于心理危机状态的个体、家庭及群体采取明确有效的措施。在危机状态下，个体无法用惯有的方式解决难题，因体验极大的痛苦，产生紧张、恐惧、悲伤等情绪以及躯体不适，甚至因无法适应而做出自杀等极端行为。在危机发生的最初阶段，危机干预可提供个体情感支持，以缓解其紧张情绪，然后指导个体根据自己的实际情况，寻求可能的帮助，进而帮助个体分析危机情境及其人格的关系，与之讨论危机事件为何会使人心理失衡以及怎样使人心理失去平衡，指导个体学习新的认识方法和应付方法，有效地处理危机事件，使个体达到完善人格、提高适应能力的目标，使个体最终战胜困难，重新建立人际关系，更好地适应社会生活。"

（二）大学生心理危机的影响因素

通过分析大学生心理危机，可将其产生的原因概括为以下几种。

（1）精神疾病。这些疾病是伴随其成长过程而产生的，大多在中学甚至更早之前就有萌芽。

（2）原生家庭。学生的童年经历、父母的婚姻、亲子关系、父母的教养方式等都是导致学生心理危机的原因。

（3）个性特质。敏感、内向、自我评价低的抑郁型人格，过分追求完美、事事要强的自恋型人格，依赖、任性的冲动性人格等都是导致学生心理危机的原因。

（4）学业困难。大学阶段的学习需要大学生发挥自主意识，主动学习。懈怠的行为和懒惰的学习态度会导致学习困难，荒废学业。学习困难会使大学生产生心理危机。

（5）突发性事件。家庭变故、意外伤害、突发公共卫生事件、感情受挫等突发性时间会导致大学生产生心理危机。

（三）大学生心理危机的分类

（1）发展性危机。发展性危机是指大学生在大学阶段中发生的和生理、心理发展变化相关的心理危机，如在大学期间考试挂科，面临毕业、就业、考研等方面的事情时产生的异常反应。

（2）境遇性危机。境遇性危机是指大学生面临的突如其来的、无法预料的以及难以控制的心理危机，如意外交通事故、被绑架、自然灾害、公共卫生事件、亲人离世等。

（3）存在性危机。存在性危机是指伴随人生重要问题的内部冲突和焦虑所带来的心理危机。它可以是基于现实的，也可以是基于后悔的，还可以是一种压倒性的持续的空虚感、生活无意义感。

（四）心理危机干预的步骤

（1）确定问题。明确学生所产生的具体心理危机，需要全面且具体。

（2）保证危机者安全。需要危机者周围同学与任课老师给予帮助，以确保学生的安全。安全问题是第一大问题。只有安全得到保障，后续工作才有机会展开。

（3）给予支持。给予学生心理上的支持，让他对自我进行肯定。

（4）提出并验证可变通的应对方法。危机干预最终目的是帮学生度过危机，解决当下问题，可以提出具有可行性且可变通的方案。

（5）制订计划。计划的制订需要危机者自身的参与，不能由干预者一人制订。

（6）得到承诺。在得到危机者真诚的承诺后，才能暂时放心学生的安全。

（五）心理危机排查的对象

出现以下 13 种情况的学生往往容易出现心理危机，应列为重点排查对象。

（1）遭遇突发事件的学生，如遭遇失恋、受到意外伤害、父母离异、亲人去世、发生重大灾害等。

（2）过往曾有过伤害自身安全行为的学生，此类学生具有高度风险。

（3）患有心理或精神障碍，如患有抑郁症、躁狂症、焦虑症、恐惧症、强迫症、精神分裂症等疾病的学生。

（4）身体患有严重疾病、个人很痛苦、治疗周期长的学生。

（5）严重环境适应不良导致心理或行为异常的学生。

（6）出现学业问题，如学业压力过大、学习困难，尤其是大一第一次考试不及格的学生，大二、大三多门功课不及格的学生，专升本失利的学生，考研失利的学生。

（7）家庭经济贫困、负担重、深感自卑的学生。

（8）性格内向、孤僻，社会支持系统不良或在人际交往中出现较大问题的学生。

（9）毕业生中面临就业困难或无法正常毕业的学生。

（10）过度迷恋网络（含网络成瘾）的学生。

（11）个人财务状况出现异常，如陷入不良网贷、遭遇诈骗等情况的学生。

（12）受到身边同学心理危机状况严重影响的学生，如躁狂症学生的室友、同学等。

（13）其他有情绪困扰、行为异常的学生。

（六）心理危机排查的时机

心理危机的排查应始于新生心理健康普查以及心理咨询中发现学生出现心理危机之时，应采取定期排查与特殊时间节点排查相结合，跟踪、关注已有对象，及时发现新出现危机的学生。

（1）入学时开展新生心理健康普查并初步建立学生心理健康档案。

（2）毕业前在就业、升学状况调查过程中注意进行心理危机排查。

（3）每学期开学初进行心理危机筛查，重点关注原有危机学生的变化以及在假期中出现危机情况的学生。

（4）期末考试前后对学习压力大和成绩不及格的学生进行排查。

（5）在季节交替时，尤其是春季心理疾病高发季节进行排查，"五一"假期、"十一"假期之后进行排查。

（6）学校发生危机事件后对可能受到影响的学生进行危机排查。

（7）在社会出现可能引发心理危机的重大影响性事件（如地震、疫情等）时，对学生进行排查。

（8）每月一次进行常规心理危机排查，把握原有危机学生的状态变化，将新发现危机学生列为重点对象，持续跟踪、关注。

（七）心理危机排查时的特别注意对象

于近期出现过下列警示讯号的学生，应作为心理危机干预的重点对象及时进行危机评估与干预。

（1）谈论过自杀并考虑过自杀方式，包括在朋友圈、公众号、信件、日记、图画或乱涂乱画等只言片语中流露出死亡念头者。

（2）不明原因突然向同学、朋友或家人送财物、请客、赔礼道歉、告知银行卡密码、无端致以祝福、述说告别的话等行为明显异常者。

（3）情绪突然明显异常者，如特别烦躁，或高度焦虑、恐惧，或易感情冲动，或情绪异常低落，或情绪突然从低落变为平静，或饮食、睡眠受到严重影响等。

（八）心理危机排查的工作程序

（1）院（系）构建快速、高效的危机识别反馈及朋辈互助系统。学生会干部、班级心理委员、宿舍心理信息员在日常生活中深入关心身边同学，了解同学的心理行为状况，及时发现异常现象，及时上报，以便尽早干预。

（2）心理健康教育中心对院（系）上报在心理普测与心理咨询中发现心理危机的学生，并进行进一步分析和评估。根据危机的程度，与院（系）（必要时需要家长参与）共同确定干预方案，并尽快采取干预措施。干预措施包括重点关注、辅导员谈话、心理咨询和辅导、通知家长、转介精神卫生机构、办理休退学等。

（3）院（系）在心理健康教育中心支持下，根据心理危机的不同情况制订帮扶方案，实施分级干预。建立院（系）和心理健康教育中心针对心理危机学生情况的定期沟通机制。

二、高校心理危机事件的应对

（一）大学生心理危机的分级

学生心理健康的危机程度，根据事件的性质、程度和可能的后果，分为以下四个等级。

（1）蓝色预警。当事人表现出适应困难，不适应大学生活、与他人相处有一定困难、生活自理能力稍差。

（2）黄色预警。当事人有严重的心理适应问题，伴随一些精神病性症状，但尚有自知力，一定程度上愿意寻求帮助，没有自杀风险。

（3）橙色预警。当事人表现出明显的精神病性症状，或者言语中流露出自伤或攻击他人的倾向，且有一定的诱发事件和动机，但尚未有伤害行为的具体实施计划且未出现伤害行为。

（4）红色预警。当事人出现严重的精神病性症状（严重妄想、幻觉、躁狂等情绪失控行为，严重缺乏自知能力，严重抑郁等），危及他人或自身的生命安全；或出现伤害行为，且伤害行为尚未结束；或出现群体性严重恐慌，以致威胁公共安全等。

（二）根据危机等级积极应对

1.针对蓝色预警学生的应对措施

以辅导员和班级学生的帮扶干预为主。辅导员应经常与该类学生交流，了解他们学习及生活上的困难，给予适当帮助。引导学生干部、室友主动关心关注该类学生，营造接纳、包容、和谐的人际关系。鼓励该类学生积极地看待问题，以更加全面的视角去看待生活中的挫折。侧重给予他们成功的体验，肯定其克服困难与挫折的能力和行为，激发和挖掘其积极的力量，引导他们看到自身的价值和潜能。同时，重点关注该类学生，发现异常后及时上报。

2.针对黄色预警学生的应对措施

以院（系）为主，由心理健康教育中心配合实施干预。

（1）发现并及时报告

①一旦发现该类学生，应及时报告院（系），也可直接报告心理健康教育中心、保卫处等部门。

②相关院（系）应当尽快与该学生进行直接面谈，并从相关人员处进一步了解情况。

③院（系）将该类学生送心理健康教育中心进行初步评估；情况紧急时在征得家长同意后可直接送专科精神病医院进行诊断治疗。

④通知家长尽快到校。

（2）初步评估

非精神科医生无权进行精神疾病诊断，但学校的专业心理咨询师可以对学生进行精神疾病倾向和疑似精神疾病的初步评估。

高校心理健康教育中心的教师缺少精神疾病诊断资质和经验，难以对复杂的精神疾病做出准确评估。在条件允许的情况下，学校可以邀请2~3位中级或以上职称的精神病医生进行会诊，根据诊断结果再进行下一步工作。

（3）做好监护

①相关院（系）负责看护。在家长到达学校之前，一般情况下看护工作由学生所在院（系）负责。一般是24小时监护。

②两人以上在场。在看护学生时，至少要有两人以上同时在场。保证必要时两人交替工作。负责看护的人最好是该生熟悉并信任的教师。监护时间越短越好，

尽快将该生送往专科医院。

③心理健康教育中心应对负责看护的人员进行基本技能的培训。在看护人员执行监护任务之前，要简短地介绍监护任务、心理危机的特点、可能发生的危险情况、被监护学生可能的反应、不能两人同时离开当事人等具体工作要求。

（4）转介医院

①经初步评估为疑似精神疾病倾向的学生，应及时将其转介到正规的精神专科医院进行诊断，确认其是否患有精神疾病。

②到医院进行诊断一般由家长陪同。因特殊情况家长不能陪同时，由辅导员在电话征得家长同意的前提下（保留电话录音）陪同。

③无论是家长陪同还是辅导员陪同，都要拿到精神科医生对学生精神状况的诊断书。

（5）确诊为精神疾病学生的应对措施

①医生建议住院治疗的学生要住院治疗。学生住院治疗是由家长办理住院手续。因特殊情况家长不能陪同时，学校老师需持家长或监护人的委托书（内容：委托学校代理家长办理住院手续，委托人身份证复印件，委托人签字盖章），代替家长办理住院手续。若一时拿不到委托书，在医生确定学生需要住院的前提下，则应电话征得家长同意（保留电话录音），由学生所在院（系）代替家长办理相关手续。

②医生建议或家长提出回家服药休养的学生可回家休养。学校要给医生建议或家长提出回家服药休养的学生办理休学或退学手续。心理健康教育中心要向家长介绍精神病护理的有关常识，以免在休养期间病情反复。在学生休养期间，辅导员及本班、同宿舍同学要与他保持经常联系，关心他，鼓励他战胜疾病，使他感受到来自老师、同学的温暖，以便尽快恢复健康。

3. 针对橙色预警（有自杀风险）学生的应对措施

自杀风险主要包含三种情况：①有自杀倾向者，在语言和行为上流露出有自杀的想法。②患有严重精神疾病者，主要是抑郁症、精神分裂症、双相情感障碍。③遭遇重大突发事件创伤者。其主要的应对措施包括以下五条。

（1）及时发现

①识别自杀的征兆

首先是言语上的征兆。言语上流露出无助、无望或无价值感；表达过死的念头，谈论与自杀有关的事或开自杀方面的玩笑；谈论自杀计划，包括自杀方法、日期和地点，易获得的自杀工具等；直接说出"我希望我已死去""我再也不想活了"等；间接说出"我所有的问题马上就要结束了""现在没人能帮得了我""没有我，别人会生活得更好""我再也受不了了""我的生活一点意义也没有"等。

其次是行为上的征兆。睡眠、饮食或体重明显增加或减少，过度疲劳，体质或个人卫生状况下降；易激惹，过分依赖，持续不断地悲伤或焦虑，常常流泪；注意力不集中、成绩下降、经常缺勤；孤僻、人际交往明显减少；无缘无故地生气或与人敌对；饮酒或其他物质依赖的量增加；突然把个人有价值、有纪念性的物品送人，或者与亲朋告别；出现突然的、明显的行为改变，如曾经情绪一直不好，突然变得很平静甚至比较高兴了；频繁出现意外事故。

②识别精神疾病的症状

下面介绍三种常见精神疾病的症状，仅供参考。

A. 抑郁发作的可疑症状

若一个人在两周或更长时间内，同时存在三项下述症状，尤其是第一项、第二项和第十三项所述症状，则需怀疑其罹患抑郁症的可能：

- 几乎每天心情都非常恶劣。
- 对以前感兴趣的所有东西或活动失去兴趣。
- 感到麻木、空虚、无聊。
- 躯体疼痛（胃痛、头痛）。
- 睡眠困难（难以入睡、早醒或睡得过多）。
- 体重改变或饮食习惯改变。
- 过分的挫败感和过分自责。
- 集中注意力、思考问题困难。
- 和平常比，更易怒、紧张或激惹。
- 感到无价值、内疚或满心羞愧。
- 彻底的无助感、无望感。
- 没有精力或动力，内心有压力感。
- 反复出现死亡或精神疾患的想法，觉得活着还不如死了好。

B. 躁狂发作的可疑症状

躁狂发作以情绪高涨、兴趣增加、精力和活动增多为主要表现，且持续时间达一周以上。可疑症状如下：

- 言语比平时显著增多。
- 联想加快，思维奔逸，自感言语跟不上思维活动的速度。
- 注意力不集中，或者随境转移。
- 自我评价过高，甚至显得荒谬离奇，如一个普通学生认为自己是万物之神。
- 自我感觉良好，如感觉头脑特别灵活，或身体特别健康，或精力特别充沛。
- 睡眠的需求减少，且不感疲乏。
- 活动增多或精神运动性兴奋。
- 行为轻率或追求享乐，不顾后果，具有冒险性、挥霍性。
- 性欲望和社交欲望明显亢进。

C. 精神分裂症的可疑症状

若一个人在一个月以内有下述两种以上的症状，则需高度怀疑其罹患精神分裂症的可能：

- 幻觉（看到或听到他人对自己思想及行为的批评，或者听到两人以上彼此交谈，但实际上这些声音或图像并不存在）。
- 妄想（超越现实中个人所能达成或与现实不符的想法，如有的病人会说自己当总统、主宰世界、拯救众生等与现实不符的想法）。
- 语无伦次（思维松弛、语言逻辑性差，难以理解）。
- 冲动或怪异的行为（有可能伤人或伤己的行为，以及不可理解的异常行为）。
- 情感上陷于停滞，行为退缩（情感不能与内心体验相吻合、与周围环境不协调）。
- 发病后在工作能力、人际关系、自我照料等功能上明显降低（影响到工作和生活的各个方面）。

注：参考《中国精神障碍分类与诊断标准（第 3 版）》（简称 CCMD–3)。

（2）及时报告

危机事件发生时，情况往往突然且复杂，需要第一时间成立由学校领导和院（系）领导统领，心理咨询师、学校安保人员、辅导员、家长、学生室友或好友参与组成的一个熟悉、安全、可靠的安全保障和人际支持，确保有心理危机学生的生命安全，防止发生其他伤害。

①及时报告相关院（系），也可直接报告学生处、研究生院、心理健康教育

中心、保卫处等部门。

②相关院（系）应当尽快与该学生进行直接面谈，并从相关人员处了解情况。

③通知学生家长尽快来校。

④相关院（系）应将有自杀倾向的学生送至心理健康教育中心进行初步评估，或者直接送专科精神病医院进行诊断。

（3）初步评估

由学校心理健康教育中心的专业教师进行自杀倾向及自杀的风险程度评估。

当发现学生有自杀倾向时，心理咨询师要以保护学生生命安全为第一要务，不要承诺向其家长和老师保密，要让学生知道学校将告知其父母及相关现实，并请该生签字确认。如该生不签字，则咨询师要在咨询记录上明确说明。无论该生是否同意，相关院（系）都要将情况通报家长。

（4）做好监护

参照疑似精神障碍学生监护要求做好监护，同时安排安全住宿。在家长到校之前，学生可住在学校附近的宾馆里，一定选择一楼或二楼的房间，有两名以上的辅导员或学生干部陪伴，从而在该生情绪失控时能够得到及时控制；同时要将有可能被用作自杀工具的危险物品全部取走，以确保学生的生命安全。

4. 针对红色预警中正在实施自杀行为的学生的危机应对措施

（1）及时报告，进行呼救，终止危机行为

①发现者要立即报告学校有关人员（相关院（系）书记或副书记、辅导员、学生处、心理健康教育中心、保卫处等），相关院（系）、学生处、保卫处等部门相关领导要以最快速度到达事发现场。

②拨打报警电话110。报警时应陈述清楚详细地点、详细情况。警方到达后，与警方密切合作。

③拨打急救电话120，通知急救中心、校医院或最近的医院，及时抢救生命。

④向主管领导汇报。收集基本情况，如当事人基本信息，现场目击者描述等，尽快向主管校领导汇报。

⑤通报校长办公室或校党委宣传部。

（2）现场处置

现场处置任务主要是协助校内保卫部门和配合公安部门，以及协调校内有关部门完成以下工作：

①学校保卫部门应尽可能准备各种应急的救生工具（救生气垫），学校医务人员应准备医疗急救包或转运车辆、担架，防止当事人随时实施自杀。

②与当事人尝试进行沟通（如果已确认当事人的身份，那么通常要找当事人比较信任的人），设法稳定他的情绪，延迟他的自杀行为，此刻要避免对当事人的情绪刺激。

③在救助现场设立警戒线。由校内保卫部门设置警戒线，确保无关人员接近现场，同时组织人力引导交通。防止其他人员围观、拍照、录像。

④由保卫部门出面，配合警方进行救助。

⑤学生身份排查。若当事人的身份不能现场确认，则记录下其服饰、身高、相貌特征等基本情况，或者拍摄危机学生面部照片，存入电脑，尽快发至各院（系）进行排查。注意排查时不要惊扰学生。

（3）通知家长

①通知家长到校。一般由学生家长较为熟悉的辅导员、班主任进行通知。

②若学生在医院救治，则陪同家长赶往医院，因为有时需要在抢救手术前签字。

（4）监护与送医

如果当事人不需要去医院抢救，那么参照有自杀风险学生的监护与送医要求，做好相关工作。

（5）提交报告

向学校提交书面报告。在处理完全部事情后，由自杀未遂者所在院（系）的主管学生工作的教师提交相关报告，供存档备查。报告内容包括：

①个人基本信息。该生的基本个人信息，包括姓名、性别、所在院（系）、年级、是否有男女朋友、性格特征、爱好、成绩、人际关系，以及老师、同学对该生的一般评价。

②事件发生情况。说明自杀未遂事件发生的基本过程，如时间、地点、发生方式、抢救等相关工作。

③原因分析。发生问题可能的原因包括该生的一贯表现、成绩和人际交往情况，以及家庭经济和成员互动情况。

④调取相关部门档案。如可以去心理咨询中心调查新生入学时的心理量表数据、学生咨询记录等（如有必要）；若学生身体健康状况不好，则可调查校医院

的就诊记录。注意档案内容要保密。

⑤调查同学反映。汇总整理同学对该生平时表现的反馈。

⑥调查个人微博、微信朋友圈等网络社交平台。

⑦未来工作方向思考。针对该生的情况，思考学校未来应继续做好哪些方面的工作。

5. 对红色预警中已经发生的自杀事件的应对措施

（1）现场处理

①目击者首先拨打110报警电话和120急救中心电话，然后拨打保卫处值班电话。在接报后，各级负责人应迅速赶到现场。

②保卫处应迅速反应，以备用帐篷遮挡现场当事人身体，维护当事人的尊严，防止围观和肆意拍照。同时安排人员为警察和医务人员引路。警察到场后，配合警察的调查工作。

③从尊重幸存者的感受和维护校园环境的稳定考虑，只要当事人还有一线生机就一定要送到医院抢救。最好由有经验、较清楚相关责任和规定的相关人员陪同当事人所在院（系）的书记、教师护送当事人前往医院。同时，准备一套干净衣物，以备医院在抢救过程中使用。

④若当事人已死亡且尚未确认身份，则要拍摄逝者正面头部照片，联系各系辅导员通过照片来辨认当事人身份。快速转移遗体，以免在校内造成影响。

⑤宣传部、保卫处要协调好新闻媒体的相关工作。

（2）事件处理

整个事件的处理过程不仅需要危机处理小组（由相关部门组成）计划周详、应对灵活，还应确定谈判的主谈人，避免多头应对产生矛盾，小组成员应相互协助，提高处理水平。

①自杀未遂的学生，在医院紧急处理后，若其不需要住院，则安排到一楼的房间住宿，安排24小时专人陪护，同时将房间内的利器都收起来。

②处理自杀身亡案例时，须立即召开包括学生处、保卫处、宣传部、相关院（系）相关责任人参与的紧急会议，成立家长接待和后事处置工作组，讨论家长接待、事件处理等相关事宜，统一对外口径，不对外渲染自杀事件。

③辅导员联系家长时要特别小心。为预防发生意外事件，可以暂不对家长说明实情，建议采用学生重病在医院治疗等说法，请家长来学校。这样既说明了严

重程度，又不会给家长造成突然的巨大心理压力。在家长来学校的过程中，逐步透露学生的状况。与母亲相比，父亲的承受能力一般会强一些，可以主要与父亲保持沟通。

④家属到来后，应将家属安置在校外、离派出所较近的宾馆休息，这有利于家属与保卫部门的沟通，保证事件处理在校园外进行。

⑤整个接待过程中，学校应态度坦诚，安排周到，并满足家长提出的合理要求，做到内紧外松，做到耐心、细致、体贴，软化对立情绪，本着协助家属处理后事的态度，帮助家属从悲伤情绪中走出来，面对问题，接受事实。如果家属无理取闹，而学校确实没有责任，那么也要摆明立场，说明情况，指出家属的赔偿主张不会得到支持，学校只可能从道义角度给予适当抚慰。如果家属认为学校有责任，那么必须由权威机构认定学校的责任。针对此类事件，家长常常存在一定的错误认知，认为学校要对学生安全负全责，如"我把活生生的孩子交给学校了，怎么现在就这样了呢？学校要赔我孩子……"实际上，大学生在法律上已经成年，应该为自己的行为负责。

⑥院（系）在危机事故处理过程中，应做好资料的收集与证据保留工作，包括与相关方面联系工作时的重要电话录音、谈话录音、记录、书信、照片等。

（3）知情者处理

①引导知情者合理应对他人的询问。好奇或关心的人会问："到底是个什么情况啊？"这对那些失去室友的学生会形成很大的压力，可教他们回答："对不起，他（当事人）连命都不要了，我们实在不愿在他死后说三道四，让他得不到安息！对不起，我无可奉告。"保护死者、保护知情者是对当事人最好的尊重。

②针对报告对象的不同，要把握报告实情的时间和程度。例如，如何向知情学生解释？当时可以先说正在抢救，过段时间再说抢救无效，给学生一个心理缓冲期。

③做好重点学生及其他受事件影响的学生的心理辅导工作，防止次生灾害的发生。

④安排心理健康教育中心的人员为幸存者、知情人员、参与事件处理的教师进行哀伤辅导。寝室室友、死者密友等最容易受到影响，很容易产生自责情绪；参与事件处理的教师也不能忽视，防止他们因此对自己的工作产生怀疑和否定。

⑤辅导员适时召开班会，抚慰同班同学。并另行召开班委会议，安排班委成

员注意班上同学的情绪状态。事发当晚，可根据学校规定安排同寝室的学生在宾馆休息（这样的事情发生后，同寝室的学生往往不敢回到寝室休息）。

自杀事件的发生反映了相关人员在工作环节中出现了问题。学校危机干预领导小组应安排人员，借此机会对学校的自杀预防与危机干预工作进行检讨反思，查找漏洞，提出整改措施。如果通过突发事件，能够引起全校师生对心理健康的重视，并加大心理健康工作的力度，那么就可以帮助更多的人，同时也将一次危机转变为改进学校工作的契机。

（三）对精神疾病学生的特别关怀

1. 精神疾病学生休学后复学的工作流程

（1）学生因精神疾病办理休学手续，并在休学期满复学时，须于复学前一周内，前往指定专科医院（省/市级精神卫生中心）复查。若复查结果证明其正常的社会功能基本恢复，在经学校心理健康教育中心评估确认后，则可办理复学手续，并由学院与学生家长签署《学生返校协议书》。若经专科医院复查或学校心理健康教育中心评估其心理状况仍未达到复学标准，则该学生仍须继续办理休学手续，待其休学期满后重新进行复查和评估。

（2）《学生返校协议书》应包含以下内容：①学生及家长如实反映了治疗情况。学生经治疗病情已平稳，症状已消退，进入康复阶段，可以恢复正常的学习与生活。所出示的诊断书及康复证明确系具有鉴定精神障碍资质的专门机构出具，且真实可靠。②学生在校学习期间因所患疾病导致的危害个人、危害学校（伤害他人、破坏财产、扰乱正常的教育教学秩序）、危害社会的一切不良后果，由学生本人及家长负责。③学校将对学生的学习生活进行妥善安排，学生在校学习期间应定期前往学校心理健康教育中心接受心理帮扶，并定期与辅导员见面以便获得必要的学习和生活上的帮助。④学生承诺谨遵医嘱，按时按量服药，每三个月提供一次专科医院门诊复查病历。⑤家长须在校陪读，若因某些原因不能到校陪读，则应承诺承担因放弃陪读而可能产生的一切后果。

（3）签订《学生返校协议书》的意义。《学生返校协议书》明确了为共同帮助学生尽快恢复健康、提高学习和生活质量，学校、家长以及学生本人需要承担的责任和做出的努力。为了共同的目标，《学生返校协议书》对三方均有督促意义：首先能够督促学校对学生提供各项帮扶举措；同时能够让家长意识到孩子需要更多的关爱，并在关心的同时及时督促学生接受治疗、按时按量服药；对于学生本人而言，也可强化其对自身健康和生活负责的意识，让学生知晓自己可以获得哪些帮助。学校方面既要理解家长和学生面临的困境，更应向家长和学生做出充分的解释，强调学生的身体健康和生命安全大于一切，所有的举措都是为了学生的健康和成长，避免家长和学生误以为这是学校推卸责任的行为，从而与家长和学生达成共识。

2. 对坚持在校学习的患有精神疾病学生给予特别关怀

（1）给予心理关怀。学校心理健康教育中心对精神疾病康复期的学生，或虽患有精神疾病但经专科医院诊治，社会功能基本正常，可以在接受医院治疗（服药）的同时在校坚持学习的学生，应定期（每周一次或每两周一次等）提供心理辅导，给予学生心理支持和帮扶，并督促需服药学生按时按量服药。院（系）层面应重点做好如下工作：①辅导员平日和学生关系比较近，辅导员需要根据学生的实际情况定期（每周数次、每两周三次、每周一次等）给予关注，平时应通过谈话等方式，关心、陪伴学生，缓解其情绪，减少其孤独感。②针对重点关注的学生，辅导员应安排同宿舍学生骨干悄悄地进行关注并定期汇报关注信息。同时，还可以悄悄地把同宿舍的其他同学叫来开会，商定心理帮扶方案。③针对有精神疾病的学生，应每周询问并督促其按时服药。在有精神疾病的学生停止服药时，需要采取的措施有：劝导继续服药、将情况和家长沟通、安排同宿舍同学每天汇报基本情况、必要时通知家长来校陪读。④院（系）和心理健康教育中心对该生保持持续关怀，直至危机状态完全解除或直至其毕业。

（2）对心理危机学生进行支持性访谈。对心理危机学生进行支持性访谈的工作方法是由安徽工业大学王军教授提出的，在实际工作中取得了非常好的效果。

①什么是支持性访谈。学校作为教育管理机构，应从多个方面对心理危机学生进行帮扶，与学生保持经常性的交流沟通。所谓支持性访谈，是指辅导员、班主任和心理辅导教师等学工人员主动约谈心理危机学生，表达对学生心理和学习生活状态的关心与支持，为学生提供情感宣泄的机会，督促服药期学生按时按量服药、定期复诊，指导学生如何积极应对学习、生活、人际交往等问题。支持性访谈可以让学生感受到学校老师的关心爱护并获得必要的指导，从而提高应对现实困难的信心和能力，提升生活质量，更快恢复健康。

②支持性访谈的时间及频率。支持性访谈的时间一般为 15~20 分钟，如果学

生倾诉欲望强烈，那么可以适当延长，但不宜过长（精神障碍恢复期学生持久性谈话容易引发疲劳）。访谈的频率应根据学生情况，每周一次、两次或三次不等，学生状态恢复较好时可逐渐改为每两周一次或更长周期。

③支持性访谈的内容。支持性访谈应包含以下几个方面内容：询问这一段时间学生过得怎么样？学习压力大不大？我可以帮你做什么？这段时间的睡眠怎么样？饮食怎么样？业余时间做些什么（鼓励其与人交往、适度运动）？药还在不在继续吃？（一定要问，而且要不经意地问）你有没有一些特别要和我说的事？

（四）其他需要注意的事项

1. 与家长沟通

（1）学校要充分表达对学生健康和安全的关心以及对家长心情的理解，避免家长误以为学校在推卸责任。要充分共情家长，理解与接纳家长对孩子病情的否认和担心的情绪，向家长介绍有关精神疾病的知识，消除家长对精神疾病的恐惧。要让家长充分相信，一切应对措施都是为了帮助学生有效应对危机、健康成长。

（2）家长是处理大学生危机事件的重要成员。大学生在校期间出现的心理问题与原生家庭、早期成长经历密切相关。解铃还须系铃人，问题的解决也需要家庭的配合和参与。提醒家长重视学生的心理需求，加强亲子间的交流与沟通，让学生感受到家庭的支持和温暖。

（3）家长不认同孩子有病，不愿意将孩子送去治疗。因为家长最大的担心是更多的人知道孩子有精神疾病，担心孩子及家庭受歧视，所以在与家长沟通时，需要向家长讲明及时将孩子送去治疗的必要性与重要性，要说服家长尊重专业的诊断和治疗建议：越早治疗，预后效果越好；延误治疗，影响扩大。

（4）有的时候，因为家长不了解精神疾病的知识，也因为担心精神疾病会影响孩子的学业与发展，所以不愿意承认孩子有病，不愿接受专业的诊断和建议，提出要求在校陪读，让孩子正常上课等要求。在不能说服家长时，为了学生的生命安全和健康，学校仍要坚持尊重专业的诊断和建议，让家长承担其作为监护人应当承担的法律责任。

（5）当事人有一定的自知力，在其坚决不同意吃药或住院时，应耐心地向当事人解释服药的重要性，也可以请家长配合督促当事人服药。有明确诊断的各类精神疾病、有自杀风险或其他心理问题的学生，原则上需休学进行治疗。如果学生坚持在校学习且家长拒绝陪读，那么相关院（系）要和家长签订《拒绝陪读承诺书》，承诺承担因放弃陪读而可能产生的一切后果。

2. 危机干预无小事

（1）相关人员对所有关于危机干预情况的汇报都要认真对待。

（2）为当事人保密，不要扩散当事人的危机事件，以免给其造成新的心理伤害；给予更多的关心，让其感受到人与人之间的关怀和温暖。

3. 危机干预工作"痕迹化"管理

心理危机学生管理的"痕迹化"，既是学生心理成长发展的痕迹，清晰地记录不同时期的心理状态，也是工作的痕迹，在紧急情况下，针对危机学生不同时期所采用的相应干预办法可以作为重要参考。

心理危机干预的"痕迹化"管理可以按以下方法进行。

（1）根据学生入学心理普查结果，并结合心理约谈记录，确定重点关注学生名单。

（2）建立重点关注学生心理档案，其中包括普查筛查出的重点学生、辅导员及心理委员等学生干部通过日常接触发现的行为表现异常的学生、从学生档案中发现的有精神疾病病史或家族遗传史的学生，院（系）心理工作站负责管理这些学生的档案，详细记录学生信息与不同阶段的干预情况，特别是心理咨询教师、辅导员的谈话记录。

（3）做好心理月报工作，即向学校专业机构提交院（系）重点学生的月动态报告。

完整的"痕迹化"管理既有利于学生的心理帮扶、规范工作程序，也有利于接受社会、家长的监督，从而守住学生安全"底线"。

（五）辅导员在学生危机干预中的重要作用

1. 危机预防

做好学生心理危机干预工作要立足教育、重在预防。辅导员要对学生进行心理健康宣传教育和生命教育，引导学生热爱生活、珍爱生命、善待人生，对学生进行自我意识教育。针对学生中广泛存在的环境适应问题、情绪管理问题、人际交往问题、恋爱与性的问题、学习方法问题等展开教育。通过特色鲜明的主题班会、形式多样的心理健康教育活动，帮助学生优化个性心理品质，增强心理调适能力，提高心理健康水平。辅导员要引导学生正确认识自我，愉快接纳自我，积极发展自我，培育自尊自信、理性平和、积极向上的社会心态。

2. 危机发现

辅导员是大学校园里离学生最近的人。辅导员应掌握学生的基本信息，如学生入学登记表、家庭成员情况、学生学习成绩、父母婚姻状况等。发生心理危机的学生往往会在学习和生活中出现情绪低落、认知偏差、人际关系紧张等问题。辅导员通过自己的日常观察以及学生干部、室友和任课教师的反馈，可以全面客观地了解学生在学习和生活中出现的状况，如情绪低落、行为变化、人际关系紧张等。这些信息在心理危机的预防和干预中有着举足轻重的作用。

辅导员要用专业态度、敬业精神、善良友爱、亲切关怀赢得学生的认可和喜爱，拉近师生间的距离。只有建立了可信任的师生关系，才能让学生对辅导员敞开心扉，从而能第一时间发现学生的问题和困难，识别学生的心理危机状态。

3. 织密危机干预网

辅导员在新生入校时，需要着手建立与家长沟通的渠道，如 QQ 群、微信群等工作群，平时可以在工作群发布相关信息，普及心理健康教育知识，在学生出现危机时，也便于及时沟通。针对心理异常学生，无论其严重程度如何，学校都应如实向家长说明情况，并告知专家意见，与家长达成一致方案。对于危机学生来说，家长的支持是度过危机最重要的力量来源。除此之外，要充分发挥班级干部、心理委员、宿舍心理信息员等学生骨干在危机干预工作中的桥梁纽带作用。辅导员要对学生进行危机应对教育，让学生了解什么是危机，什么情况下会出现危机，哪些言行是自杀的预兆，对出现自杀预兆的人如何进行帮助和干预。辅导员要畅通沟通渠道，及时掌握危机学生动态，及时干预应对，以防发生不可挽回的极端事件。

4. 参与危机干预全过程

不管危机事件大小，都需要辅导员的细心、耐心与责任心，并参与到危机事件的发现、干预与处理的全过程中。当学生发生心理危机时，辅导员应第一时间主动接近危机当事人，利用双方已经建立的良好关系，从当事人的角度出发，采取积极倾听的方式，鼓励其表达内心的感受，同时对危机事件进行初步评估，理解和明确学生心理危机的诱因和问题所在。当学生已经出现自杀倾向或企图实施自杀行为时，辅导员的首要任务就是尽一切办法确保当事人的生命安全。辅导员要在迅速上报学校心理危机干预领导小组和心理健康教育中心的同时，对学生实行 24 小时监护，为专业心理危机干预人员的下一步工作做好铺垫。辅导员的关心和抚慰会让学生相信"这里有一个人确实很关心我"。

5. 帮助危机学生整合资源

一般情况下，处于危机状态中的学生会出现意识狭变得窄化，认为自己无论如何也应对不了当下的处境，看不到希望。这时，首先辅导员可以跟处于危机状态中的学生一起，共情他的感受，引导他尝试面对问题，选择适当的方式应对问题。辅导员应帮助这类学生利用其他变通的方式以及可供选择的资源，找到可以战胜危机的办法。其次，辅导员要多加关注、关心当事人，做好解释工作，让学生干部和当事人室友能够接纳危机学生，让当事人感到温暖。辅导员还可以多鼓励危机学生参与班级活动，做一些力所能及的小事，并给予充分的肯定和表扬，让他感受到自身的价值，增强掌控感，提高心理健康水平。再次，辅导员还要和心理健康教育中心保持联系，及时反馈学生的身心状况，评估其安全性，做好观察和管理。最后，辅导员要定期和学生家长联系，反馈其在校表现，强化家校联系，促进学生心理成长。

高校辅导员承担了多重的工作压力，尤其在应对学生危机事件时，更是身心俱疲。因此，辅导员学会自我关怀非常重要。首先，辅导员要学会自我减压，如通过倾诉、运动等方式减压。其次，辅导员在心理危机干预与预防工作中，应争取更多的支持，保持信息畅通，以便获得理解与支持。再次，如果在处理危机事件过程中承担的压力过大，或者在危机事件中自我卷入太多时，那么应求助于专业的心理咨询机构。辅导员只有学会自我关爱，才能更好地爱学生，更好地投入到危机干预的工作中。

第四节　高校心理育人队伍建设

一、高校心理育人工作队伍建设的意义

2016 年，习近平总书记在全国高校思想政治工作会议上指出，"要坚持不懈促进高校和谐稳定，培育理性平和的健康心态，加强人文关怀和心理疏导"，不断提升心理健康素质。心理育人工作队伍是落实习近平总书记讲话的核心力量，是对学生进行人文关怀和心理疏导的关键，是落实加强思想政治工作队伍的焦点之一。建设心理育人工作队伍，是把全国高校思想政治工作会议精神落到实处的必然要求。提升心理育人队伍的专业技能，切实发挥心理健康教育工作育人功能，有助于培育大学生理性平和的健康心态，也有助于全面提升大学生心理素质，促进大学生成长成才。

（一）当前高校心理育人工作队伍现状及分析

随着"健康中国"号角的吹响，我国高校的心理育人工作经历了从逐渐被认识到逐渐被重视的发展历程。随着心理知识的不断普及和心理工作的逐渐深入，心理育人工作逐渐成为思想政治教育的重要组成部分。大多数高校都成立了一支由专职心理教师、辅导员、学生组成的心理育人工作队伍。但由于我国高校育人工作起点较低，起步较晚，心理工作队伍的建设还不完善，主要存在以下几个问题。

1. 高校心理育人工作队伍组织机构不健全

部分高校领导对心理育人机制不重视，缺乏对大学生心理健康重要性的充分认识，忽视了大学生心理健康水平在大学生发展中的作用。高校缺乏完善的组织领导机构，难以有效开展心理育人工作。具体来说，部分高校领导人员没有在本校设置心理健康教育专门机构，也没有配备相关的心理辅导人员，导致心理育人工作无法落实。另外，部分高校虽然设置了相关的心理育人工作组织机构，但是，心理育人工作组织机构的隶属关系不明确，缺乏对心理育人工作组织机构的科学管理，导致心理育人工作缺乏规范性和实效性。

2. 高校心理育人工作队伍规模结构不合理

当前，我国各高校大多都设立了心理健康教育机构，并逐渐配备了专职教师，但相对于日益扩大的办学规模，各高校专业从事心理咨询工作的人员数量过少，心理健康教育的师资配比远远不够。国际上一般主张专职心理辅导员与学生比为1:700。在美国，约每500名学生配有一位心理辅导员；在部分欧洲国家，该比例一般为1:1000；在我国台湾地区师生比平均为1:1500，香港特别行政区平均为1:1000。我国内地（大陆）师生比较国外和境外师生比相去甚远。有的高校心理咨询师编制严重紧缺，师生比例严重失调；有的高校甚至只有一两名专职教师，专业教师相对较少，师生比严重不足。国家规定，专职心理健康教育教师和其他心理工作人员与全日制在校学生的比例不低于1:4000，实际上，只有较少高校的心理健康教育中心的专职人员数量能够达到此比例，远远不能满足目前心理健康教育的需要，这也成为制约高校心理健康教育发展的最大瓶颈。目前，师生比能达到1:4000的高校很少。有的高校4万余人，只有3个心理咨询师。有的高校师生比甚至达到1:30000。

目前，虽然每个高校都设立了专门的心理健康教育中心，但是心理育人工作队伍的结构仍然不合理。专职人员数量比较少，兼职人员和非心理学或教育学相关专业的心理健康教育工作者占较大比重，并且专职人员还要兼任其他教学或管理任务，职责和权限界定不清，削弱了心理育人的骨干力量。此外，各个高校的专职和兼职人员的性别比例以女性居多，男性偏少。由于职业生涯发展受限，专职人员流动性较大。多数高校以辅导员或是医学类工作者兼职心理健康教育工作，然而心理健康教育工作是一项专业性和技术性都很强的工作，对工作人员的专业能力和业务能力的要求都比较高，如果没有专业的队伍，将在一定程度上影响心理健康教育工作的质量和效果。

3. 高校心理育人工作队伍专业能力有待提高

高校心理育人工作队伍的能力和水平是提升心理健康教育工作成效、促进学生心理健康发展的重要保障。我国大多数高校心理育人队伍组成一般包括心理咨询中心专职人员、心理学教师、辅导员等。非心理学专业的兼职人员占有很大比重，成为我国高校心理咨询工作队伍组成的最大局限之处。而师资力量不足、专业化水平不高成为我国高校心理育人工作开展的最大阻碍。心理育人工作者参加进修培训的机会较少，心理健康教育专兼职教师继续教育制度远未形成。尤其是占队伍较大比重的兼职教师往往是通过短期培训，参加心理咨询师考试后直接上岗，实际操作技能极为欠缺，后期又缺乏相应的追踪培训，其咨询水平很难得到显著提高。由于兼职心理咨询人员大多由辅导员担任，绝大多数都非心理学专业出身，专业背景分散在各个学科，所以他们缺乏心理学专业背景和必需的心理学专业理论和工作技能。另外，由于高校兼职心理咨询师大多是年轻辅导员，经过短期培训就上岗，他们虽有一定的理论知识，但缺乏系统的专业训练，实践能力极差，这样给开展心理辅导带来许多限制，产生了不少问题，使心理辅导的质量难以令人满意。

（二）高校心理育人工作队伍建设的意义

大学生正处于心理变化最大的时期，面临着一系列生理、心理以及社会适应的问题。因此，加强大学生的心理健康教育工作是十分重要的。高校心理育人工作队伍作为高校心理健康教育的核心力量与重要保障，在高校起着非常重要的作用。因此，完善心理育人工作队伍的建设显得迫切而必要。完善心理育人工作队伍的建设，具有以下几点重要意义。

1. 心理育人工作队伍建设是实现高校育人功能的重要前提

高校既是培养和输送社会主义事业建设者和接班人的基地，又是社会主义精神文明建设的重要阵地。高校不仅要对学生的思想道德素质、人文素质、文化素质、专业素质和身体素质负责，还要为学生的心理健康承担责任。在大学生心理问题逐渐凸显的大学校园中，如果不能解决好社会变革、学习压力、就业压力、情感压力等诸多因素给学生带来的心理影响，那么他们的健康成长将会受到不良影响，他们会发生明显的心理疾病和人格缺陷，甚至会产生抑郁、厌世自杀等现象。这些问题如果不能很好地解决，必然会影响高校心理健康教育的发展。所以，加强心理健康教育队伍建设，充分发挥心理健康教育在培育大学生良好心态、健全人格方面的作用，可以为高校育人功能的实现和培养社会主义建设人才服务。

2. 心理育人工作队伍建设是高校思想政治教育的重要基础

心理健康教育是高校思想政治教育的重要内容与环节。随着现代社会的发展，一些大学生的自我意识与心理状况在功利主义思潮的影响下偏离了正常发展状态，引起了全社会的关注。重视大学生的心理健康教育在当今时代显得尤为迫切和必要。目前，心理育人工作队伍建设是当今高校普遍面临的重要课题。只有加强高校心理育人工作队伍的建设与优化，才能切实提高大学生心理健康教育工作的科学性、规范性与实效性。高校心理育人工作队伍包括心理专职教师、辅导员、朋辈辅导员等。以辅导员为例，辅导员作为高校心理育人工作队伍的中坚力量，需要在传统的思想政治教育工作内容与方式的基础上，适应当前社会的要求，打破自身工作局限和壁垒，积极开展心理健康教育。所以，加强辅导员队伍建设，是开展大学生心理健康教育，构建大学生思想政治教育新模式的必然选择，是思想政治工作适应时代发展的需要，是拓宽思想政治工作新思维的有效手段。

3. 心理育人工作队伍建设是高校立德树人教育的重要保障

心理素质对大学生的成长和发展起着主关重要的作用。大学生没有良好的心理素质便无法很好地完成学业，更无力完成社会化。大学生的心理素质直接关系到大学生全面素质的提高，直接关系到高校能否完成素质教育的目标，关系到中华民族的未来。而心理育人工作者作为一线的思想政治工作教育者一分子，须从自身的职责出发，切实重视心理健康教育，全面贯彻党的教育方针，实施素质教育。以辅导员为例，立德树人的教育目标要求辅导员作为大学生思想政治教育主力军，要站在素质教育的战略高度，充分践行心理健康教育，充分发挥自身在心理健康教育工作中的优势与作用，巩固和保证德育工作的效果，为大学生德智体美等各个方面全面协调发展打下坚实基础。所以，加强心理育人工作队伍建设是高校立德树人的素质教育的重要保障。

（三）高校心理育人工作队伍建设的举措

为了提高心理健康教育和心理危机防御工作的覆盖率和有效率，心理育人工作队伍建设的科学性、规范性不容忽视。目前来看，许多高校都在做有益的尝试。目前最有成效的是建设一支金字塔形的心理育人工作队伍，建立由校、院（系）、班构成的心理健康教育三级网络。

学校心理育人领导小组是领导机构，主要负责审议学校心理健康教育工作方案、计划和实施策略，进行个案咨询和团体辅导，组织全校心理健康教育相关人员培训。在学校领导的协调下，组成一支由德育教研室、学生工作部、团委、心理学教师、辅导员、医务人员和学生等组成的高校心理健康教育工作队伍，承担全校性的心理健康教育工作，对全校心理健康教育实施机构和协作机构提供专业指导，进行心理健康教育科学研究。他们的工作主要是实施学校心理健康教育方案、计划和策略，向心理健康领导机构和专责机构反馈大学生心理信息，进行朋辈心理教育等。

专职从事大学生心理健康教育工作的教师既要保证有足够的数量，又要坚持高效的原则。可以从学校总编制或专职学生思想政治工作编制名额中划出专职心理健康教育工作编制；专职心理健康教育人员也可纳入学生思想政治教育专业课教师队伍管理行列，评聘相应的教师职务；兼职教师和心理辅导或者咨询人员，要按照学校有关考核规定与薪酬制度核算教学工作量，给予相应的报酬。

此外，还可以从班级或学生心理社团中挑选有一定心理学基础、具有良好心理素质、有责任心、热心于心理健康工作、适合做心理辅导工作的同学来做兼职心理辅导员。筛选出来的学生心理辅导员，经过基本的技能训练后，针对同学在学习生活中遇到的心理问题，通过与同学进行交流，或者开展具有针对性的团体心理活动，与同学建立良好的关系，利用一定的方法和技巧，共同找出心理问题所在，并用正确的方法去解决，达到助人与自助的目的。其实，这个也是近年在校园推广的一种特殊心理辅导形式——朋辈心理辅导，又称准心理咨询或非专业心理咨询。对学生兼职心理辅导员，学校应提供一定的条件并建立相应的激励机制，核算其工作量，按照学生的工作量给予加分，工作成绩突出的还应给予一定的物质奖励。

二、高校心理育人工作队伍的培养与管理

目前，在高校从事与心理育人工作相关的教师主要包括心理健康教育专职岗位的教师、辅导员、部分行政管理人员等。无论是兼职还是专职，我们都统称他们为高校心理健康教师，这是一个比较宽泛的概念。国内大部分高校都已经建立了心理健康教育工作队伍网络，部分高校采取典型的三级网络系统，"校大学生心理健康教育中心—院（系）心理健康辅导站—班级心理委员"，即"心理健康教育专家队伍—兼职心理辅导队伍—朋辈心理辅导队伍"三位一体的心理健康教育工作系统。有些学校还有心理委员辅导队伍。高校心理育人工作队伍的选拔与培训应该根据这些人员工作的岗位和已有的专业知识水平进行分类。在实际工作中，可以将高校心理健康教育教师分成三类：心理健康教育专家、兼职心理辅导队伍（辅导员和高校心理健康教育行政辅助人员）、朋辈心理辅导队伍。对这三

类人员的管理也成为心理育人工作的重中之重。

（一）心理健康教育专家队伍的培养

心理健康教育专家队伍指的是专职心理健康教育教师。他们专业从事大学生心理健康教育与心理咨询工作，具有相关专业学历、相应的心理咨询执业资格和专业技术职务，在学校整个心理健康教育队伍系统中起到核心作用。专家队伍是高校心理育人工作队伍的主导性力量，选拔时主要考察相关的专业资历和从业经验。心理健康教育专家队伍的培养工作包括确立专家队伍的培训目标与培养模式，丰富队伍的培训内容。

1. 心理健康教育专家队伍的培训目标

培养高校心理健康教育教师掌握心理健康教育的理论知识，掌握心理健康教育工作的方法与技术，是高校专家队伍培训的目标。美国著名的心理学家布卢姆曾提出教育目标分类的理论，将教育目标分类为情感目标、认知目标和动作技能目标。在情感目标上，培养高校心理健康教育教师对高校心理健康教育行为的积极情绪体验，培养高校心理健康教育教师对高校心理健康教育工作的热爱和责任心；在认知目标上，培养高校心理健康教育教师掌握高校心理健康教育的理论知识；在动作技能目标上，培养高校心理健康教育教师掌握从事高校心理健康教育所需要的实践能力，要求他们在实际工作中熟练运用各种心理工作的技术，开展高效的心理健康教育工作。

2. 心理健康教育专家队伍的培训模式

目前，高校心理健康教育教师培训的模式主要包括在职进修和学历教育。在职培训是在职高校心理健康教育教师在工作之余进一步获得专业知识与技能的途径。学校相关工作的负责人员可以根据每个教师专业水平、学历背景、承担任务的实际情况，采取重点培养骨干教师或全体教师轮训制度的方法，使所有教师都有继续学习的机会。

3. 心理健康教育专家队伍的培训内容

借鉴国外的先进经验并立足于我国具体国情，高校心理健康教育教师的师资培训课程应该包括专业基础课程、专业核心课程、专业选修课、实践课程。专业基础课程主要包括普通心理学、发展心理学、心理测量与评估。专业核心课程主要包括心理咨询与治疗概论、心理咨询与治疗技术、团体心理咨询与辅导概论、变态心理学、心理咨询与学生思想道德教育、高级统计与心理学研究方法、心理咨询师的专业修养及伦理道德。专业选修课程主要包括社会心理学、社会学、教育学、实验心理学、认知心理学、教育心理学、特殊教育学、特殊学生心理学、生理学。实践课程主要包括心理咨询机构见习、心理咨询、个案分析、团体心理咨询与辅导实践技术。

（二）兼职心理辅导队伍的培养

高校兼职心理辅导队伍是指具有全职工作岗位，同时又利用闲暇时间在高校心理咨询中心兼职从事心理辅导工作，为学生提供心理辅导服务的从业人员。目前我国高校的兼职心理辅导教师构成较为复杂，数量最多的是从事一线学生工作的辅导员教师。此外，还包括心理系专业任课教师、行政管理人员、研究生，以及经学校的心理咨询机构聘任，在高校为学生提供心理咨询服务的心理志愿者。事实上，随着心理健康教育全员育人理念的逐渐普及，从事管理工作的保安、宿管员等群体也应该纳入兼职队伍中。兼职队伍是高校心理育人工作队伍的重要组成部分，配合并协助专家队伍对大学生日常心理和行为进行监督与管理。在兼职队伍的培训层次与培训方法上，应该多样化，针对不同专业水平、来自不同岗位的心理育人工作者，按照分类指导、按需施教的原则组织各层次的培训。兼职心理辅导员队伍的培养需要经过选拔和培训的过程。

1. 兼职心理辅导队伍的选拔

从事一线学生工作的辅导员教师是兼职队伍的中坚力量。辅导员是高校学生思想政治教育的先锋，与学生的日常生活和学习联系紧密。辅导员是最能贴近大学生心灵的人，是掌握大学生各方面情况第一手资料的人，是大学生与心理健康教育工作的连接纽带。同时，是学生最容易亲近并信任的教师。学生辅导员能够扎根于学生之中，配合心理健康测试和大学生心理问题辅导，做到第一时间的心理危机干预，预防学生因心理问题而导致发生极端行为。高校辅导员开展心理健康教育工作不仅是其职责所在，也是建设高校心理健康服务体系的保证，更是促进大学生健康成长与成才的重要保障。

要选拔优秀合适的辅导员进入心理育人工作队伍，就要设立科学合理的选聘机制。把好入口关，选对人、选准人、选好人至关重要。首先，应确保辅导员选拔过程科学合理，要扩大基层学院人员的参与力度，做好选拔考官的设置工作。

其次，要多手段考察。选拔辅导员时不能简单地通过笔试、面试等环节，而要采取多种手段对兼职应聘者进行全方位考察，对应聘者的专业素养、专业能力等方面进行全面考核。如吉林大学规定兼职心理辅导员须为各学院在岗辅导员，且具备如下条件：具备一定的职业资质(如国家心理咨询师职业资格证书或省、校级心理培训证书等)；热爱学生心理健康教育工作，政治素质好，有较强的事业心和责任心；有扎实的专业知识，能够协助学院和学生心理健康指导中心做好学生的心理危机预防、干预、救助和朋辈心理辅导员指导等工作。又如甘肃中医药大学规定兼职心理咨询师应当具备以下条件：热爱心理咨询工作，有高度的事业心和敬业精神；个人心理健康水平及专业素养较高；具有心理学、教育学或医学教育背景，接受过心理咨询等相关课程的培训。另外，选拔辅导员时，应优先选聘具有心理咨询师资质的以下人员：大学生心理健康测评心理辅导教师、大学生心理健康测评管理员、心理学教研室专业教师以及学生辅导员。其他的行政管理人员如保安、宿管员等则应该先进行全员基础知识培训，培训考核合格后再选拔其中的优秀者补充进兼职队伍中。

2. 兼职心理辅导队伍的培训

在培训内容上，为了确保培训质量和教育质量，要根据兼职心理辅导队伍的工作任务，科学设计培训内容，合理设置培训项目。只有这样才能灵活配置组合不同的课程内容，使培训的开展更具科学性、有效性，以达到预期效果。兼职心理辅导队伍的主要任务是能及时准确甄别学生的心理问题，根据心理问题的严重程度进行如下处理：问题严重者进行转介；问题轻微者能够自行处理。根据此目标，兼职心理辅导队伍的培训主要可以从基本素质、专业知识、专业技能三个方面进行培训。基本素质主要包括判断分析、组织管理以及表达沟通等方面。专业知识主要包括普通心理学、发展心理学、心理测量与评估、变态心理学、咨询心理学等。专业技能主要包括临床心理会谈能力。

在培训方式上，将相应的心理辅导培训内容并入岗前培训内容中，保证每一位教职员工都能成为潜在的兼职心理辅导教师，充实队伍力量。另外，大学生心理健康教育中心大多隶属于学生处。因此，当前我国高等院校的兼职心理辅导队伍的培训通常由学校学生处来组织开展，大多为讲座形式，培训方式较为单一。为了让每个高校都能掌握高效率的创新培训方法，各大高校学生处之间可以充分运用互联网的优势，与其他高校进行积极的联系和沟通，将自身学校培训中先进的培训方式与其他各大高校共同分享，突破培训方式过于单一的现状，探讨效率更高的培训方式。在充分利用好专家授课以及分组讨论这样的方式同时，也需要以参观考察、实战模拟以及分析案例等方式来进行教育教学。另外，兼职心理辅导队伍的培训应该向企业培训学习，采取合理的培训手段，多样的培训方式。例如，采用个案分析、咨询督导、户外拓展、情景还原、网络平台等丰富有趣的培训手段。这些培训手段不仅可以增强培训的趣味性，更能有效地传达培训知识，也能提高兼职心理辅导员参加培训的积极性，达到培训目的。

（三）朋辈心理辅导队伍的培养

朋辈心理辅导是大学生心理辅导的重要组成部分，但由于大学生的人数较多，需要选拔的朋辈辅导员也较多。因此，为了达到良好的辅导效果，高校需要建立系统化的朋辈辅导员的体系，使其制度化。朋辈辅导员的培养主要包括选拔与培训的过程。

1. 朋辈心理辅导队伍的选拔

朋辈心理辅导员主要是指思想上积极上进、学业上成绩优秀、生活上乐于助人的一批优秀学生。朋辈心理辅导就是为周围同学提供指导和帮助，通过与身边同学的良性互动实现学生"他助—互助—自助"的成长模式。建立朋辈心理辅导队伍是当今高校借鉴西方心理咨询模式所做的探索和尝试。朋辈心理辅导人员是指受过的心理知识和实务培训达到要求时数、获得学校心理健康教育中心颁发的资格证书并在专业人员指导下的非专业人员。朋辈心理辅导队伍是高校心理健康教育的渗透性力量。

朋辈心理辅导员的选拔是提高朋辈心理咨询质量的重要前提。朋辈心理辅导员应具备一定的基本素质。身为朋辈心理辅导员应当具备优良的品德，足够的耐心、恒心、信心、爱心；具备一定的专业素质，能够不断"自省"，不断完善自身；能够处理咨询和辅导过程中的突发事件，有较强的处事应变能力。在进行朋辈辅导员选拔时，学校要综合考虑学生的人格、学习能力、生活经历、心理素质等多方面因素，不断完善和规范朋辈心理辅导员选拔和考核机制，优化朋辈心理辅导员教育资源。

高校要科学选拔朋辈心理辅导员，可以通过自主报名、班级推荐、辅导员发掘等多种途径，经学生推荐、心理测评、面试等流程，加强考察候选朋辈心理辅导员的人格、人际关系、工作态度、知识结构、价值观等方面，挑选出有责任心、有爱心、有耐心、沟通技术良好、心理健康、积极乐观并且热爱心理学的学生来担任朋辈心理辅导员。目前，高校朋辈心理辅导员的选拔主要有两种方式：一是先培养后选拔；二是先选拔后培养。第一种选拔的方式，要求在培训的过程中，教授学生心理学的基本知识、人际沟通技巧等知识，然后根据培训后考核的成绩，结合学生自身的特点安排其具体的工作。第二种选拔的方式，要求先通过一定的考核程序，将符合考核标准的学生留下来进行培训；培训结束后，再进行第二轮考核，把符合标准的学生留下来作为准朋辈心理辅导员。前者重点在大学生中普及心理健康知识，掌握可以帮助自己、帮助别人的一些方法和技巧。而后者重点在于对半专业性质的朋辈心理辅导员的选拔。另外，在进行选拔和培训之前，相应的宣传工作也是很重要的。需要借助海报、报纸、校园广播、展板等多种校园宣传媒介来进行宣传。通过前期的宣传，可以招募成员和宣传心理健康知识。

2. 朋辈心理辅导队伍的培训

目前，国内对朋辈心理辅导队伍的培训工作还没有一个统一的认识，因此也没有统一的教材或培养方案。无论是培训的数量，还是质量都较难得到保证。高校大学生面临的心理问题越来越复杂，朋辈心理辅导员必须明确其责任与义务界限，为顺利开展心理健康教育工作打下基础。朋辈心理辅导员的核心工作通常是发现学生心理问题并帮助学生解决一般的发展性心理问题。如果发现严重心理问题或危机事件，则要及时向辅导员或者学院心理咨询中心报告。因此，朋辈心理辅导员必须要有一定的心理咨询的基础，相应的培训就显得至关重要。高校要重视朋辈心理辅导员的心理专业知识和技能的培训，充实培训内容，如心理咨询基本知识、大学生心理问题应对技巧、心理咨询实践等项目。培训的内容应着重加强其内容的系统性、实用性和可操作性。学校心理咨询中心可统一规范培训的内容和形式。授课教师综合运用授课、讲座、团体辅导、小组讨论、个人分享、心理互动游戏等方式进行教学。既要保证培训的数量和质量，又要保证灵活开展培养，寓教于乐，增强培训的实效性和互动性，对考核合格的学生颁发证书，提高朋辈心理辅导员专业素质。同时定期强化检查案例分析、心理辅导实践心得，充分发挥学生的积极性和主动性，全面提升朋辈心理辅导员服务能力。

朋辈心理辅导员由于和其他同学共同生活，能够及时发现学生是否处于心理危机状态之中。他们通过学习相关的心理知识，了解基本的心理干预技术，就可以及时发现同学中存在的心理问题，真正做到心理问题及早发现、及时预防、有效干预。首先，朋辈心理辅导员需要了解心理危机与危机干预的相关知识。心理危机是指"个体或群体运用惯常的应对方式无法处理目前所面临的困境时的一种心理失衡状态"。当出现心理危机的时候，就需要有心理危机干预。危机干预是指干预者对处在心理危机状态的个人或群体，运用周围社会资源提供支持的一种短期帮助方式，这种方式能使危机者的症状得到缓解和消失，心理恢复平衡。其次，朋辈心理辅导员需要掌握心理咨询的一些基本技能，主要包括倾听、共情以及积极关注的技巧。

（1）倾听。倾听是朋辈心理辅导员应对大学生心理咨询的基本技能。它能使朋辈心理辅导员了解来访者的情况，发现来访者的心理问题。倾听不仅是为了了解来访者的情况，更重要的是为了建立关系，鼓励求助者开放自己。倾听不仅要听懂求助者通过言语、行为所表达出来的东西，还要听出求助者在交谈中所省略的、没有表达出来的内容。更重要的是，要理解求助者所传达的内容和情感，把自己放在求助者的位置来思考，帮助其澄清自己的想法。

（2）共情。共情也被称为同理心，是指从来访者的角度，设身处地地感受和理解对方。从心理辅导角度来看，在朋辈心理辅导工作中，共情有如下三方面的含义：第一，朋辈心理辅导员要通过求助者的言谈举止，去体验他的思维、情感等内容；第二，朋辈心理辅导员要借助自身的知识和经验，把握来访者的体验、经历和其人格之间的联系；第三，朋辈心理辅导员要运用咨询技巧，把自己的理解传达给对方，以达成共识，使对方更深入、更深刻地理解自己，寻求改变。

（3）积极关注。积极关注是指助人者以积极的态度看待来访者，对来访者的言语和行为的积极面或长处给予相应的关注，利用其自身的积极因素促使其产生积极变化。作为朋辈心理辅导员要善于发现来访大学生的潜能，给予尊重与赞扬。这不仅要求朋辈心理辅导员对来访大学生持肯定的态度，还要求朋辈心理辅导员在积极关注的过程中去识别和发现问题，同时予以不断的支持，最终使来访大学生的心灵力量得以增长。

（四）心理育人工作队伍的管理

高校心理育人工作的水平与发展取决于心理育人队伍的状况。高校的心理育人工作需要普及到班级时，需要大量的专职教师。由于高校专职心理教师较少，因此，大多数高校开始培养兼职教师队伍与学生队伍。为了提高心理育人队伍的专业水平，保障工作的质量，需要对心理育人队伍进行管理。高校心理育人工作队伍的管理主要包括建立心理育人工作的领导机构以及制定全面加强心理育人工作队伍的管理方案。

1. 高校心理育人工作队伍的领导

加强心理育人工作的领导为高校各项心理工作的开展提供了重要的支持以及必要的条件。高校心理育人队伍的领导工作主要包括建立心理育人工作队伍的领导机构、管理制度和确立心理育人工作队伍的管理思路。

（1）建立心理育人工作队伍的领导机构

高校应高度重视、切实加强对大学生心理育人工作队伍的领导管理，把心理健康教育工作纳入学校德育工作管理体系中，为开展工作提供必要的条件，切实解决工作中的困难和问题。学校应建立大学生心理健康教育工作领导机构，由一名校领导担任主任，校学生工作处处长担任副主任，结合本地、本校的实际情况，确定本校心理育人工作专职和兼职人员的合适人选，制定相应的管理条例，组织全体教师及专职人员培训进修，加强对心理育人工作队伍的领导与管理。

（2）建立心理育人工作队伍的管理制度

心理育人工作的开展，离不开学校行政部门的领导。高校应建立有效的领导机构，创造基本条件，建立有效的管理制度不断推进心理育人工作常态化。其中，有效的管理制度包括心理育人工作队任的选聘制度、考核制度、工资待遇制度、工作职责制度等。高校应加快心理育人机制教育队伍建设，积极引进高素质的心理学专业人才指导心理育人机制的实施。

更重要的是，高校应组织现有的心理育人工作人员参加心理学专业培训，加强心理育人工作人员对心理学专业知识的学习，增强心理育人工作人员的教学技能。

（3）确立心理育人工作队伍的管理思路

管理心理育人工作队伍，可以"三力"为目标进行管理。"三力"包括执行力、影响力、持续力。执行力是对心理育人工作队伍的能力要求，执行力强调要对工作进行统筹规划，要时刻以目标为导向；影响力要求心理育人工作队伍对师生心理健康与校园文化发挥良好影响作用；持续力是对心理育人工作长远发展的要求，是决定心理健康教育工作的作用或效果的重要因素。

2. 高校心理育人工作队伍的管理

为了让高校的心理育人工作得到全面有效的开展，提高心理教育的整体水平，心理育人工作队伍的领导部分需要落实心理育人工作队伍的管理举措。管理举措包括制定心理育人工作队伍的准入制度、确定心理育人工作队伍的发展机制、制定心理育人工作队伍的考核与激励机制。

（1）制定心理育人工作队伍的准入制度

心理健康教育是一项专业性很强的工作，严格准入门槛是必需的，例如，美国要求临床心理学家必须有博士学位，心理咨询师要求至少硕士以上学位，要通过 2000 小时的实习、督导和终身继续教育的刚性规定等。只有专业知识丰富、专业技能过硬的师资队伍才能保障并推进高校心理健康教育工作的有序开展。目前，我国心理育人工作队伍的专职人才缺口巨大，导致出现了这样的尴尬状况：若严格准入制，现有的一大批早期从业者（非心理学、教育学专业背景，非硕士、博士学位）将不符合条件。

在欧美国家，从事教育机构心理服务的人员必须通过教育培训、考试，具有实践经验。教育培训是为了学习专业的心理知识结构。考试是为了验证心理健康教育理论知识的掌握程度。实践经验是为了显示其将理论运用到实际生活中的相关业务水平。在国外从事心理健康教育的教师，不仅要有硕士以上学位，更要接受 5~8 年的专业培训和督导训练。没有一定的专业素养、学历背景和相当的实践经验是很难进入这一领域的。我国高校在选聘心理育人专兼职教师的时候可以参考欧美国家的做法，邀请心理专家当场对申请者进行知识与能力的考核。根据分析案例，提出解决方案，由专家评点打分。最后，高校组织申请人员进行心理测试，由心理专业机构采用标准化的量表进行测验，确保申请人员本身心理健康。

（2）确定心理育人工作队伍的发展机制

建立专职的心理育人教师队伍是高校心理育人工作发展的必然趋势，但考虑到目前我国高校心理育人的实际情况，以兼职教师为主，利用专兼结合的模式开展心理育人工作是比较符合实际的。不管是专职还是兼职教师，都应该制定一个长效的专业发展机制。另外，各高校要根据教育部有关文件精神，明确心理育人专职教师的管理序列。在各高校的管理实践中，心理育人专职教师的管理可以放在大学生思想政治教育队伍序列，也可放在教育学、心理学、生理学、医学等相应的专业序列；其职称可挂靠思想政治教育学科组，也可挂靠教育心理学、生理学、医学等教学机构的学校。专职教师的发展取向、职称评定取向要从最有利于教师利益的角度出发，同时要尊重教师本人的意愿。

3. 制定心理育人工作队伍的考核与激励机制

心理育人工作队伍承担了开展心理健康教育的主要任务。他们需要培养学生健全的智力、情感、意志和人格；教会学生正确处理人际关系，引导学生以积极的态度待人接物；在帮助学生解决心理问题的同时，要教会学生正确处理问题的方法，提高自身心理承受能力，学会自己去承担责任，主动想办法解决问题，适应社会环境的变化。因此，加强对心理育人工作队伍的管理，建立完善的高校辅导员队伍保障机制，这一点就显得至关重要。保障机制不但应该包括健全的工作人员选聘机制，而且应该包括工作人员的政治、工作条件和生活待遇等方面的考核和激励机制。

心理育人工作队伍的考核是指学校主管部门组织相关专家或权威机构对工作人员开展心理健康教育的实施情况和效果进行考核与评价，通过专业的指导与评价，提高心理健康教育工作者的教育管理水平，达到心理健康教育工作的整体优化。考核可以目标为导向，从德、能、勤、绩四个方面进行。同时，心理育人工作人员作为大学生思想政治教育的一线，其工作量大，任务重，需要良好的政策环境和在待遇、职称等方面给予明确的认定，才能最大限度地调动他们的积极性。学校应该建立起全面考核机制、职务晋升机制，建立公平竞争的激励机制，促进他们的进一步发展。

第五节　高校心理育人的工作机制与评价机制

育人工作是高校一切工作的核心和基础。随着社会的进步与竞争的加剧，大学生面临着越来越大的心理压力，如何保障大学生的心理健康已经成为高校急需解决的问题。教育部在《关于加强普通高等学校大学生心理健康教育工作的意见》中明确指出，"加强大学生心理健康教育工作是新形势下全面贯彻党的教育方针、实施素质教育的重要举措，是促进大学生全面发展的重要途径和手段，是高等学校德育工作的重要组成部分"。因此，只有在高校教育的全过程中贯彻落实心理育人的理念，形成明确完善的高校心理育人工作机制和评价机制，培养学生的良好心理素养，才能达成学生全面发展的目标。

一、高校心理育人工作机制与评价机制创建的意义

作为培养高层次人才的高等院校，开展心理育人工作，营造文明和谐的氛围，创建心理育人的工作机制与评价机制，对于促进大学生全面发展、塑造大学生健全人格、提高大学生社会适应能力有重大意义。

（一）心理育人工作机制与评价机制是育人工作的重要基础

21世纪是一个竞争激烈、高速发展的时代，生活在这个时代的人们受到来自工作、学习、生活等多方面的挑战。当前，我国正处在完善社会主义市场经济体制和实现社会主义现代化战略目标的关键时期，社会生活发生了复杂而深刻的变化，人们的经济生活、价值观念、思维方式、人际关系等也随之发生了很大变化。在这样复杂的社会背景下，人们的心理状态自然会受到很大的影响。处于象牙塔中的大学生也不例外，他们面临许多心理压力和困惑。近年来，我国大学生中存在的心理障碍问题日趋严重。根据有关资料显示，全国大学生中因心理疾病而退学的人数约占退学总人数的50%；有25%~28%的大学生具有不同程度的心理问题；其中，有近10%的大学生存在中等程度以上的心理问题。因此，大量数据和事实表明，大学生的心理健康问题已十分突出，开展心理健康工作已刻不容缓。创建完善的心理育人工作机制，对心理育人工作进行有效评价，成为高校育人工作的重要基础。

（二）心理育人工作机制与评价机制是人才培养的迫切需要

高等学校担负着培养高素质人才的光荣使命。高素质人才，不仅要有良好的思想道德素质、文化素质、专业素质和身体素质，而且要有良好的心理素质。因此，心理育人工作事关高等学校人才培养工作的成败。2023年，教育部等十七部门印发关于《全面加强和改进新时代学生心理健康工作专项行动计划（2023—2025年）》的通知指出，要通过多种形式对不同年龄层次的学生进行心理健康教育和指导，帮助学生提高心理素质，健全人格，增强承受挫折、适应环境的能力，要把心理健康教育作为高等学校德育工作的重要组成部分。大力加强大学生心理育人工作是时代发展的需要，是社会全面发展对培养高素质创新人才的必然要求。心理育人工作目的在于培养心理健康、人格完善的大学生，而合格的大学生必须

身心是健康的。可以说，高校心理育人工作是学校素质教育工作的重要组成部分。因此，创建心理育人工作机制与评价机制，使大学生心理育人工作顺利进行，从而培养大学生良好的个性心理品质，提高大学生的社会适应能力、挫折承受能力和情绪调节能力，促进他们的心理素质、思想道德素质、科学文化素质、身体素质的全面协调发展，是新时期培养高素质人才的迫切需要。

（三）心理育人工作机制与评价机制是学生成长的客观要求

大学阶段是人生可塑性较强的一个时期，也是人的世界观、人生观、价值观以及良好的心理素质形成的关键时期。对于在校大学生来说，他们在成长过程中遇到困难和矛盾，产生困扰和冲突，会形成各种各样的心理问题。心理问题的存在，必然影响大学生正确世界观、人生观、价值观的确立。同时，大学阶段也是一个危机潜伏期。当前社会竞争加剧、生活节奏加速，社会的变革给正在成长着的大学生带来了比以往任何时候都更强烈、更复杂的心理冲击。处于变革背景下的当代大学生，又正值心理、生理冲突最激烈的年龄阶段，心理变化异常激烈。当他们面对竞争、择业、社会责任等多方面的压力，面对日益复杂的人际关系以及青春期出现的适应不良等诸多问题时，难免出现迷茫、烦躁、失望、忧虑、恐惧、抑郁等负面情绪或不良心理现象，给大学生的健康成长造成无形的障碍。这些冲突和困扰若得不到有效疏导、合理解决，久而久之便会形成心理疾病。在这种情况下，创建心理育人工作机制与评价机制，开展心理育人工作，预防大学生身心疾病产生，促进大学生智力发展，促使学生完善人格，提高其身心素质已成为大学生成长的客观要求。

二、高校心理育人的工作机制

面对日益严峻的大学生心理健康问题，高校开展心理育人工作势在必行，而如何建立高效的工作机制则成为当前亟待解决的重要问题。我国的大学生心理健康教育工作起步于20世纪80年代中期，经历了一个逐步提高认识、逐步重视、逐步推进的过程。特别是近十多年来，我国高校的心理健康教育工作越来越受到政府的高度重视和社会各界的广泛关注，全国不少高校对心理育人工作进行了积极的探索，开展了大量的工作，做了许多有益的尝试。然而，高校心理育人工作在向前进步和发展的过程中，也同样存在着许多亟待解决的问题，例如，教育行政部门以及学校领导重视不够，机构设置不健全，心理育人工作实效性差，师资队伍建设不够专业，缺乏有效的工作运行机制，等等。为了促进高校心理育人工作良性开展和发展，建立起一个相对完整全面的心理育人工作体制就变得非常重要。它能为心理育人工作提供指导和保障，确保心理育人工作落实到实处，为大学生的心理健康发展保驾护航。

（一）高校心理育人工作机制现存问题

大学生的心理健康状况直接影响着学生的生活态度和生活质量，对学生的发展极为重要。当前，各大高校十分关注大学生的心理健康教育问题。但是，由于受传统教育方法的影响，高校心理育人工作在组织机构、教学内容、教育队伍、教学方法、保障机制等方面都存在着一定的问题，需要高校心理教育部门尽快解决。

1. 心理育人工作的组织机构不健全

第一，许多高校没有将学生的心理健康教育正式纳入学校的人才培养体系，也没有组织相关人员研制一套适合于高等学校实施的学生心理健康教育的工作体系。第二，许多高校没有建设校、院（系）、班级三级的心理健康教育工作网络，也没有设置灵活的协调机制和明确的职责分工。第三，许多高校没有建立健全心理健康教育的各项规章制度来规范学校的心理咨询、心理危机的预防与干预、心理健康教育课程教学等的工作。

2. 心理育人工作的教学内容与教学方法不合理

首先，从心理育人工作教育内容方面来说，大多数高校的心理健康教育机构都会开设相关的基础心理学课程、社会心理学课程、生理心理学课程等，以此加强心理育人工作教育内容的系统性。但是，部分高校将大学生心理健康教育视为大学生心理知识的教育，认为大学生掌握了相关的心理健康知识就具备了健康的心理。在这种情况下，很多高校心理育人工作的教学人员只注重向学生介绍心理学知识，忽视了学生健康心理的培养。其次，从教学方法方面来说，受传统理论教育的影响，很多高校在实施心理育人机制的过程中十分重视学生对心理学理论知识的掌握，却没有开展心理学实践，使学生只懂大道理但是却无法将心理学知识运用在自身情绪调节或行为矫正中，心理育人工作效果不明显。

3. 心理育人工作队伍的教师缺乏专业性

心理育人工作的教育队伍直接影响着心理育人工作实施的效果。当前，心理育人的工作队伍成员主要由思想政治教育人员、辅导员及其他管理人员组成。这些心理教育者大多没有学习过系统的心理学专业知识或培训，无法为学生讲授系统的心理学知识和专业化的心理调节技巧，严重影响心理育人工作的实施效果。另外，还有部分心理育人工作人员虽然出身心理学专业，但是缺乏对先进的心理学知识和技能的学习，所传授的教学内容具有较大的滞后性，教学方法也相对比较保守，难以满足学生发展的心理知识需求。心理育人工作队伍缺乏专业性，这使得心理育人工作的效果大打折扣。

（二）高校心理育人工作机制

随着大学生心理健康问题的大量出现，社会对高校育人理念也提出了新的要求，心理育人成为高校开展日常教育工作的重要内容，这使得人们更加关注大学生的心理健康教育。高校针对大学生心理健康问题开展了各种活动，创新了育人机制。通过新的育人机制能改善学生的心理问题，让学生充分发挥自身价值，使学生成为具备良好身心素质的新一代人才。因此，各高校应积极开展育人机制建设，探索心理健康教育知识，更好地提高大学生心理素质。

1. 组织管理机制

（1）设立组织机构

《高等学校学生心理健康教育指导纲要》指出："各级教育工作部门要切实加强对学生心理健康教育工作的统一领导和统筹规划，积极支持开展大学生心理健康教育工作，要将心理健康教育工作作为高校思想政治工作测评和文明校园创建的重要内容。""要明确心理健康教育工作牵头负责职能部门，构建校内各部门统筹协调机制，研究制定心理健康教育的工作规划和相关制度。"高校应高度重视、切实加强对心理育人工作的领导，把心理育人工作纳入学校总体工作管理体系中，为开展工作提供必要的条件，切实解决工作中的困难和问题。

建立大学生心理育人工作领导机构是开展高校心理育人工作的第一步。可由一名分管心理健康教育工作的校领导担任主任，校学生工作处处长担任副主任，结合本地、本校的实际情况，制定本校大学生心理育人工作实施细则，设立开展大学生心理育人工作的常设机构。该领导机构可以将大学生心理健康教育或咨询中心作为心理育人工作的实施机构，由分管该工作的校领导直接部署，学生处、心理健康中心领导具体实施，形成以专业为抓手，以行政为推手的工作系统。

首先，要加强对大学生心理育人工作的目标管理，建立上下联动的管理一体化机制，完善由校心理咨询中心、学院、班级组成的三级网络管理体系，对学生进行心理素质强化训练，同时对异常情况及时报告，及时处理。各级各部门应有明确的职责分工和协调机制。学校应有机构负责大学生心理健康教育和咨询，并将其纳入学校思想政治教育工作体系，具体组织协调开展全校学生心理健康教育工作；院（系）应安排专兼职教师负责落实心理健康教育工作；学生班委会、党团支部等学生组织积极协助辅导员、班主任和研究生导师开展心理健康教育工作。

其次，要根据实际情况在中心设立多个机构，落实心理育人的各方面工作。例如设立研究部，对心理育人工作的相关课题进行研究，并承办心理育人的工作交流和学术研讨活动；又如设立咨询部，为全校师生提供心理问题的咨询服务。该咨询部既具备及时解决学生心理问题的功能，也可以帮助教师增强心理育人意识，改善工作方法以及处理问题的对策。

三是按照上级教育行政部门的要求和统一部署，在专家的指导下，制定学校心理育人工作的发展规划，协调学校各部门之间的关系，确定心理育人工作专职人员的合适人选，组织全体教师及专职人员培训进修，提供必要的经费和设备，指导有关学校心理健康教育的各种会议，组织有关学生心理素质训练的各种活动等。

（2）加强理念宣传

学校重视心理育人工作是推进素质教育、深化教育改革的一个重要前提条件。高校心理育人不仅仅是一套方法和技术，更是一种先进、科学的教育观念和教育思想。随着这种教育观念的不断更新和深入，心理育人工作将不断受到重视和关注，成为学校教育的每个学科、每个领域的内在发展要求，同时也将成为学生追求身心和谐、健康发展的内在需要。这样，心理育人就会全面渗透到学校教育的全过程和各方面，成为学校整体工作的有机组成部分。为此，教育部一再强调要重视学生心理健康。要把学校心理育人工作落到实处，还有一个过程，即必须强化和提高领导、教师对学校心理育人的认识。

心理育人组织机构的相关负责教师要努力学习有关学校心理育人工作的理论知识，并在学校教师、学生家长和学生中不断扩大宣传教育，使正确的教育理念不断深入人们的思想意识。其他各教育工作者也需要加强自身的修养和学习，深入理解心理育人工作的重要性、目标、内容、方法等有关知识。教育行政部门领导以及学校领导要充分认识到学校心理育人工作的重要性和必要性，要把大学生心理育人工作纳入学校的中心任务来抓，建立一个分层次、有重点的教育体系，并由心理育人工作领导小组具体实施方案，设置每一个学期学校心理育人工作的任务和目标，安排各项活动，定期检查，并对发生在学生中的应激事件制定处理方案。

（3）完善工作制度

拥有完善、可行的一套制度，高校心理育人工作便有章可循、有据可依。

首先是教育行政部门层面。作为学校的上级主管单位，其职责包括设置专门部门或者机构以及安排工作人员负责学校心理育人工作的指导和实施，拟定学校心理育人工作制度，统一安排部署行政辖区学校遵照执行，检查高校心理育人工作的实施情况，组织进行高校心理育人教育研究等。教育行政部门对学校心理育人制度工作的统一安排部署，是保障学校心理育人工作制度贯彻落实的有效手段。所以，应该强调教育行政部门的责任意识、统一安排部署行政辖区学校遵照执行学校心理育人制度，从而完善对高校心理育人工作的管理和规划。

其次是高校层面。制度需要通过实践来检验。心理育人工作制度是否被学校教育所接纳，是否能够真的如人们所期待的那样改善学校心理健康教育状况，从而促进学生身心健康。这只能通过将高校心理育人制度认真贯彻落实到学校心理育人工作中得出结论。学校心理育人工作应做什么、怎么做是学校心理育人工作制度的一个落脚点，也是整个制度构建的核心和关键。它规定了学校心理育人的总体目标、教学原则、教学内容、实施途径和方法。学校心理育人的目的、目标不是学生自发实现的，不会随着学生的生理、心理的发展自动实现，需要通过教育者的努力才能达到。

因此，学校心理育人工作制度必须根据学生的阶段特征开设心理育人课程。高校应根据学生心理发展的规律及其特点，在心理育人的过程中，满足学生身心发展需要，为学生成长过程提供指导，发现学生存在的心理问题并进行辅导，从而帮助学生在和谐、开放、自由、民主的空间里健康成长。因此，高校应该根据上级教育行政部门制定的工作规范，结合本校的实际情况，完善相应的工作制度，从而落实各项心理育人工作。

（4）设立专项经费

高校心理育人工作涉及课堂教学、心理问题筛查、心理咨询、危机干预、科学研究等诸多方面，需要必要的人、财、物、工作场所等方面的保障。高校不仅应提供专项经费和人员编制，确保工作顺利开展，还要提供必需的工作场所，配备必要的工作设备。经费管理不单是规划资金的来源和使用，还包括硬件设施的配置和使用。一个固定的、独立的心理咨询场所是必需的，如有必要还可以更详细地规定心理咨询场所的地理位置、面积大小、室内家具和环境布置。如果有条件配备一个团体心理活动室就更好。同时，应配备必要的书籍、资料、桌椅、软靠垫等，以便在开展团体心理活动的时候使用。条件更好一些的学校，还可以设置专业的心理测评系统，用于心理普查和诊断，为建立学校心理健康档案提供物质基础。此外，学校还应投入必要的、适量的运行经费来保证宣传教育、教学、咨询、心理普查、心理训练、师资培训等工作的正常开展。

2. 教育教学机制

（1）开发心理育人课程体系

高校心理育人的根本目的是使大学生的个性得到全面的、和谐的发展，促进学生素质的全面提高。要实现学校心理育人的根本目的，需要通过一系列的具体目标来实现。这些具体的目标包括培养和塑造学生的良好心理素质，培养健全的个性，从而帮助学生形成健康的心理。为了落实高校心理育人工作，抓好心理课程的教育教学是一个至关重要的环节。根据学生成长发展的需要和特点，通过各种教育教学途径帮助学生避免和减少心理问题带来的各种不良影响，不断提高他们的心理健康水平。

高校应从发展性心理健康教育和预防性心理健康教育两个层面出发，开发新的适合大学生的心理育人课程体系。发展性心理健康教育内容体系的核心是大学生积极品质的培养。根据该目标，可以设计包括学习心理、人际交往、个性品质、自我意识、情绪管理、职业规划等主题的教育内容，培育学生养成良好的心态，鼓励学生自主选择适合的课程方案，最终达到健康成长的目的。预防性心理健康教育内容体系的核心是解决个别学生存在的心理问题从而预防严重心理危机。根据这个目标，可以针对学生常见心理问题，如学习问题、人际交往问题、情绪问题、睡眠问题等设计一系列预防性心理健康教育的课程方案。

（2）创新心理育人教学方法

高校应根据发展性心理健康教育和预防性心理健康教育的内容体系，整合现有的心理健康教育课程，运用必修课、选修课、讲座以及团体小组训练等多种形式，创新心理育人教学方法体系，保证大学生心理健康教育的实效性。发展性心理健康教育方法体系是以培养全体大学生积极心理品质为主的方法体系，主要包括心理课程教育、心理训练、学科渗透、心理活动教育、心理档案、专题讲座等。预防性心理健康教育方法体系是以预防个别学生严重心理危机发生为导向的方法体系，主要包括个案筛选、个体心理辅导、团体心理辅导、心理治疗、危机干预等。此外，高校要进一步拓宽、探索行之有效的多种途径，落实教育内容，实现教育目标；要充分利用广播、电视、计算机网络、校刊、校报、橱窗、板报等宣传媒介，进行广泛宣传、普及心理健康知识；要根据学生需要，每年举办形式多样的"心理健康教育月"宣传活动，强化学生的参与意识，提高广大学生的兴趣；要通过加强校园文化建设，营造积极、健康、高雅的氛围，陶冶学生高尚的情操，促进其全面发展和健康成长。

3.心理辅导机制

（1）建立预防机制

预防机制优先发展，防重于治，是心理育人的基本原则。高校心理育人工作应首先着眼于培养学生良好的心理素质，注重维护与促进学生的心理健康。因为从心理育人的任务来看，开展大学生心理育人工作的根本任务在于使学生健康地发展、成长、成才，因此，培养学生良好的心理素质，维护学生心理健康，必然是高校心理育人工作的首要重点。从效果来看，如果到了学生发生严重心理偏常或心理障碍的时候才做补救工作，进行纠正与治疗，那么难度很大，要花大量的时间和精力，效果还不一定显著，常常"事倍功半"。而如果预防工作做得好，能够防患于未然，学生的心理问题就不会出现，或者即使出现问题，但尚在轻微状态或早期阶段就及时发现、及时处理，达到"事半功倍"的效果。因此，抓预防工作是关键。培养学生良好的心理素质，使学生具备坚定的自信心、坚强的意志、良好的心理承受力与心理调节力，他们可能就不会出现严重的心理问题。

首先，高校应认清心理育人工作的特点。既不能将心理育人工作等同于德育或思想政治教育，也不应人为地割裂二者之间的内在联系。同时高校应意识到心理育人是一项复杂的系统工程，必然与各学科教学密切相连，而不应孤立于各学科教学之外。因此，将心理育人工作与思想政治教育相结合，在各学科教学中渗透心理育人，无疑是开展心理育人工作的一种最有效的形式。

其次，建立学生心理健康档案，深入了解学生心理。学生心理健康档案建立能够使心理育人教师从总体上把握学生的心理特征，发现学生成长中的共同点与普遍存在的问题，为学校制订心理育人工作计划提供依据。此外，通过为学生建立心理健康档案，还能及时准确地掌握和了解全校学生的心理发展规律、特点及现状，为学校的科学管理提供心理学依据。学生心理健康档案关系到学生的心理健康，因此，在设计和使用学生心理健康档案的内容时，一定要注意科学性。测试内容包括学生基本情况、能力状况、心理健康状况、人格特征、职业能力倾向等。在设计学生心理健康档案内容过程中，要特别注意遵循心理学的理论和原则。测试结束后，由心理教师和专业人员进行结果统计。有软件的量表尽量使用计算机处理，没有软件的量表也要由专门人员进行手工操作，然后由专业人员负责把测试结果登记在学生的心理健康档案文本中。

最后，建立心理问题筛查、干预、跟踪、控制一体化的工作机制，做到早期发现、及时干预和有效控制，提高工作的科学性和针对性。高校应对每届新入校学生都进行心理健康测评，在测评基础上建立全校学生的心理健康档案；高校应主动邀约有心理疾病倾向的学生到心理咨询中心进一步面谈，同时，不定期对在校生进行心理健康状况调查，从而掌握大学生心理健康状况的全貌，及时发现问题、解决问题，为开展大学生心理育人工作奠定坚实的基础；并应建立监控系统，以年级辅导员或各班班主任、学生骨干为主力，密切关注学生特别是入学时排查出的有心理疾病倾向的学生的日常心理波动，发现情况及时上报；要切实做好心理疾病预防工作，同时要加强与校外心理疾病治疗机构的沟通与合作，开设心理健康专题讲座等，努力降低心理疾病、心理事故发生率；要定期开展隐患排查，重点要关注失恋学生、生病学生、特困生、学困生及有心理疾病的学生，以有效预防心理危机的发生，做到防患于未然。

（2）建立应对机制

开展心理辅导或咨询工作，对于解决学生的心理问题具有重要的作用，因此学校要积极建立大学生心理育人工作的应对机制。要通过个别咨询、讲座、心理行为训练、书信咨询、热线电话咨询、网络咨询等多种形式开展心理辅导或咨询，有针对性地向学生提供经常、及时、有效的心理健康指导与服务。特别是，要针对容易产生心理问题的人群开展团体教育或辅导。例如对大学一年级新生，心理辅导工作的重点应是指导他们适应大学环境，组织测评他们的心理状况，并在此基础上建立大学生心理档案，以便结合测评情况进行心理咨询及心理危机干预。

对大四毕业生，工作的重点应是开展就业心理指导咨询。高校每年应对高年级学生进行职业能力测试和辅导，让其了解自己的职业兴趣和能力特长，即了解自己到底想做什么、能做什么、适合做什么，从而帮助学生在毕业求职择业时做出科学和正确的选择。另外，高校的心理健康教育机构还应具备应对突发事件（如自然灾害、重大事故、群体事件等）的心理疏导和辅导的工作预案与能力。

（3）建立渗透机制

首先，要将心理育人意识渗透到教学环节。课堂是大学生学习的主要平台，教师在教学过程中的言传身教均具有重要的心理教育影响。因此，高校教师必须具备一定的心理学知识和心理教育技巧，充分掌握当代大学生的心理发展过程和特点，在课堂教育中，将心理教育与教学环节有机结合。这不但能够更好地掌握学生在教学过程中表现出来的心理状态，还可以及时有效地引导学生塑造健康心理，真正做到教书育人。其次，要将心理育人意识渗透到校园环境建设中去。生存环境在很大程度上影响着人类心理的发展。良好的校园环境、文化氛围以及人际关系环境能够帮助大学生养成良好的品质。良好的校园环境能够促进学生参加校园活动，丰富精神生活；丰富的校园生活能够促进学生陶冶情操，启迪思想；和谐的人际关系能够促进学生共同进步，增强凝聚力，最终实现环境育心。

4. 队伍建设机制

目前，心理问题已严重影响大学生的健康成长，成为影响人才培养质量的重要因素。这就需求进一步加强高校心理健康教育队伍建设，加强高校心理育人工作、心理咨询、心理危机干预，化解心理问题，最终使大学生具备良好的心理素质，形成完整健康的人格，真正成为全面发展、德才兼备、身心健康的新一代社会主义建设者和接班人。因此，高校心理育人工作队伍建设是推动高校心理育人工作的重要保障，是促进大学生健康成长、培养高素质合格人才的迫切需要。高校心理育人工作效果的好坏，与从事工作的队伍水平直接相关。一支高水平的心理育人工作队伍能够有效地对大学生开展教育活动，扫除学生心理障碍，化解心理危机，创建和谐平安的校园环境。

（1）人员构成

为了使大学生心理健康教育工作更加科学化、专业化，学校要努力建设一支以专职教师为骨干，专兼结合、相对稳定、素质较高的心理育人工作队伍。高校心理育人应在高校内部由专门工作人员组织协调，营造全校员工共同关心学生心理教育的氛围，将心理育人融入学校的各项工作之中，形成教育合力，全面调动各种力量。因此，高校心理育人工作队伍既包括由德育教师、心理教师、医务人员组成的专业队伍，还包括高校全体教职工、学生以及学生家长。高校既应该保证具备足够数量的专职心理育人教职工，并建立完善的人事制度，还应从心理育人的角度对学校其他岗位的教职工建立相应的激励机制。

（2）培训体系

由于我国高等教育的高速发展以及当代大学生心理需要的日益增长，心理育人工作面临着巨大的考验。在教育和心理咨询的实践当中，缺乏正规的心理科学知识以及系统的技能训练，很难保证心理育人的效果。根据教育部《关于加强普通高等学校大学生心理健康教育工作的意见》的要求，应有计划、有组织、有目的地加强对从事大学生心理健康教育工作的专、兼职教师的业务培训。心理育人工作是一项专业性很强的工作，必须通过培养培训使教师掌握心理学的基本理论和知识，具备进行心理育人工作所需的知识和能力。心理育人的培养、培训对象，不仅包括专兼职心理教师，也包括学校分管领导、各学科教师以及参与学生管理工作的教育人员。多层次全方位的培训，有助于提升教师的教育教学素质，能够使教师在教学活动中把握学生心理活动动态，将学校心理育人工作渗透到学校日常教育工作的方方面面。此外，要将心理教师专业培训列入各地和学校师资培训计划。通过培训，使从事心理育人工作的教师提高对心理育人重要性的认识，掌握进行心理育人工作所具备的知识和能力。

（3）用人机制

建立和完善"入口、使用与出口"的用人机制。首先，实行条件限制、严格考核与相对优厚待遇的竞争淘汰制度。由于心理育人工作具有较强的政治和政策上的导向性、工作上的创新性等特点，要求专兼职工作人员必须具有较高的政治素质、业务能力和工作热情，因此，在选人上实行严格的条件限制，有助于队伍整体素质的提高和工作的开展。首先，实行"双轨制"下的"能进能出"的考核竞争制度。这个考核竞争制度能够促使每一位专兼职人员都能够把精力充分投入心理育人工作。其次，实行"不可逆向"流动制度。对于未通过考核、不能够胜任工作的专职工作人员，根据学校教职工有关人员流动制度规定，从工作岗位上分流出去，另作安排。这种制度的实施将有助于提高人们对心理育人工作队伍人才观的认识，树立队伍的新形象，增强队伍的影响力，从而达到建设一支敬业、创新、富有活力的工作队伍的目的。

5.课题研究机制

为了使大学生心理育人工作更加科学化、专业化，高校应不断加强相应的投入，鼓励相关教师进行理论、方法和技术的研究工作。高校应鼓励相关教师承担有关心理育人工作的科研项目，出版论著和教材，发表研究论文。高校心理育人工作应注重在日常的教育管理中不断总结经验，改革创新，探索更符合当代大学生心理特点的工作形式；注重开展对热点、难点问题的调查研究，并形成分析报告以及具备实用价值的结论，深入掌握学生心理素质发展规律，切实满足各类学生在心理咨询、服务以及治疗方面的需要。此外，高校还应积极鼓励教师参加相关的学术研讨，通过学习和交流，提高心理育人队伍的工作水平，从而推进心理育人工作的科学化和规范化。

三、高校心理育人的评价机制

心理育人工作的评价机制是指运用科学的方法和手段收集有关高校开展心理育人工作的客观资料，了解其目标达成情况，并对其效果和存在的问题做出符合实际并恰如其分的评估的过程。通过评价机制，其一，可使上级行政部门准确了解下属学校开展心理育人工作的实际成效，便于确定下一步工作重点和难点，为科学决策提供可靠依据；其二，通过评价可反映学校在心理育人方面所取得的成绩与不足，有示范和导向的作用；其三，可利用客观的评估结果，向上级有关部门及社会宣传心理育人工作的意义和作用，以便获得来自各方面的理解与支持，从而更好地开展心理育人工作。作为衡量高校心理育人水平及心理育人工作成效的有力标准，心理育人工作评价机制通过构建科学合理的心理健康教育评估体系，促进心理育人工作的开展，为提高大学生的心理健康水平提供强有力的教育保障。

（一）高校心理育人评价机制现存问题

我国高校心理健康教育工作起步于20世纪80年代末90年代初，经过三十余年的发展，已经成为许多高校学生工作的重点和亮点，并积累了许多有价值的工作经验。但是在实际工作中，各高校及相关行政管理部门都强烈地感觉到缺乏一项细致量化的操作性标准以指导心理育人工作，缺乏一个横向比较的评价机制对心理育人工作进行评估促进。

1. 存在定义混乱现象

从定义出发看，与高校心理育人工作相关的高校心理健康教育评估、高校学生心理健康教育评估、高校学生心理素质教育评估这三个概念混用的情况很常见。这几个概念既有联系又有区别，它们都是为高校心理健康教育服务的。高校心理健康教育评估的外延是大于其他两个的，因此它的评估对象范围应该更大。但纵观全国现有的文献资料，很大部分都把这三个概念当成同一个概念来使用。笔者比较了相关省市的"评估标准"，它们的名称看似没有区别，但从具体内容来看，它们的评估指标的一级指标、二级指标涉及的内容大相径庭，只是因为各省市重点评估的内容不一样，而导致它们的评估指标级别和权重大小不一样。

2. 评价主客体存在认识偏差

对评价工作认识的偏差，主要体现在评价主客体对评价的作用和最终目标认识不一。

首先，作为评价计划和方案的制定者，教育管理部门希望通过评价的方式检查出各高校心理育人工作建设质量和水平，通过评估评比选出优秀的单位作为典型模范，以促进心理育人工作水平的提高。但是在执行过程中，一些高校为了应付评比而编造虚假的材料，造成攀比、浮夸之风盛行。这让许多高校心理育人工作变成了宣传主义和形式主义。

其次，由于每所高校心理育人工作的基础不同，学科发展程度不一样，为了达到一致的评价标准，只能勉为其难地组织人力物力应付行事，这种本着良好初衷的心理育人评价反而成了一种工作负担和压力。而高校的心理咨询中心和专职的心理教师对评价的期待又不一样，他们希望心理评价和督导能够给领导施加一定的压力，改善他们的工作环境与条件，所以在评价工作汇报时难免会有所侧重，从而造成对条件与地位要求过高。

最后，在评价中最受益的是学生和家长们，他们对评价的看法也最为客观和中立，但由于学生与家长对本校心理工作开展情况的了解又非常有限，他们的评价自然也存在诸多不足。

3. 评价方法机械单一

评价方法是开展评价工作的有力工具，决定着评价是否有效。现行评价通常采用材料审核、听取汇报、现场走访和观察等方式进行，得到的评价结果只能静态地反映学校心理育人工作的情况，忽略了动态评价。众所周知，学生心理发展过程以及心理育人工作都是动态变化和发展着的，显然静态评价方法与评价内容不配套。另外，评价工作一般是每年一次，但这种评价或者评优往往只重视结果而忽视过程的嫌疑，难以较为完整和准确地反映院校日常工作状况，也未能充分考虑到学生个体的身心发展特征，严重影响了高校心理育人工作的评价效度，不利于发挥评价的激励与导向作用。同时，现今各省市的评估评价标准往往缺乏有效的心理育人评价过程。传统评价方法都是邀请心理教育专家、领导等对高校心理工作进行强制性评估，而忽略了一线心理工作者的主观能动性。

4. 评价指标难以量化

评价的指标需遵循"SMART"原则，即应具有明确性、可衡量性、可达成性、相关性和时限性。心理育人评价标准就像是测量身高的尺子，如果尺子不准，再好的裁缝也裁不出合身的衣服。有些地区评价标准涵盖范围非常全面，例如包括组织领导、基础设施、队伍建设、课程教学、心理咨询、心理测评、科学研究、评估督导等一系列指标。但值得注意的是，很多指标不能得到有效的实施，例如领导重视，何为领导重视？如何评分是个难题。这种体系虽然全面，但往往因为评价操作复杂困难而流于形式。除此之外，有些高校单纯以是否开设咨询室、是否开放心理育人必修课程等作为主要指标。因而，这些评价对实际工作的促进作用也十分有限。

5. 评价者素质良莠不齐

从评价者素质看，评价者素质的高低直接影响到高校心理育人工作评价的质量。高校心理育人的评价要求评价者既要有心理育人方面的专业理论知识，具备一定的评价理论基础，还必须具备良好的沟通能力与专业技巧、高尚的品德与修养。目前来看，评价小组成员素质良莠不齐，具备良好的综合素质的专业心理育人评价人才数量不足，这降低了高校心理育人工作评价的效能。

6. 评价工作缺乏透明度

从评价的透明化看，通过互联网搜索各省市教育局网站的相关信息，发现高校心理育人评价缺乏透明度。从各省市教育局官方网站上可以找到高校心理健康教育工作的相关评价通知、评价指标体系或者评价内容和评价的最后结果，但找不到评价的途径与方法、评价人员、评价过程、评价的具体等级或分数、问题分析与建议。透明化是为了监督与管理，是为了评价工作更好地开展，因此它是影响评价工作有效性的重要方面。

（二）高校心理育人评价的目的

通常来讲，高校心理育人工作评价机制是根据一定的评价指标体系和价值判断体系，通过系统地收集有关的信息，遵循合理的评价原则，运用专门的评价方法和技术，对学校心理育人要素、过程和效果进行价值评判的活动和过程。而心理育人评价目标在评价工作中居于核心地位。确立心理育人评价目标是顺利开展评价工作的首要任务，也是构建评价指标体系的前提。因此，应充分结合高校心理育人的现实目标体系，参照教育评价的一般规律，确立高校心理育人的根本目标和基本目标。

1. 根本目标

根据教育部制定的《关于加强普通高等学校大学生心理健康教育工作的意见》与《普通高等学校大学生心理健康教育工作实施纲要（试行）》的规定，我国高校心理育人评价工作的根本目标为：规范与促进高校心理育人工作的合理、科学、健康开展，提升心理育人工作的整体质量，促使心理育人工作改革与创新，营造健康的高校心理氛围与环境，切实提高高校师生的心理素质与心理健康水平。

2. 基本目标

高校心理育人工作评价的基本目标主要包括：①及时地、全面地、动态地、发展地了解学校心理健康教育工作开展的现状、特点、存在问题等基本情况，评定学校心理育人工作的总体水平；②协助学校正确认识心理育人工作的得与失、困难与成功、机遇与挑战，推动心理育人工作者的专业发展和个人成长，明确学校今后工作的重点和方向；③协助师生关注和正确了解自身真实心理健康状况和今后的努力方向；④促进学校、家长和社会各方力量给予心理育人工作更多的支持，为今后更好开展心理育人各项工作做好积极准备。

（三）高校心理育人评价的内容

目前，我国高校的心理育人工作发展不平衡，其原因之一是没有一个很好的评价机制。确定高校心理育人评价内容通常需要由一些比较具体的、可量化的指标来反映，而评价指标就是开展评价工作的实施规程和标准尺度。因此要根据学校自身发展情况，尤其是学生心理状况、校园环境等，全面确定评价的内容，进而确定科学、客观、全面、可行的评价指标。

1. 心理育人工作的组织管理评价

高校心理育人组织管理评价的主要对象，包括学校各级领导参与心理育人工作的状况；学校开展心理育人工作的运行机制以及经费投入和使用情况；心理育人工作管理机构的设立及工作开展状况；工作和管理人员配置状况；心理育人工作的近期工作计划和远期规划；各项工作制度建设情况以及具体的管理措施等。

2. 心理育人工作的师资水平评价

高校心理育人工作的师资水平评价三要包括学校专兼职心理育人教师的数量以及师生比；心理育人教师的学历、职称、年龄结构、资质，教师的专业能力和职业道德水平；以及心理育人教师的进修学习和培训经历等。

3. 心理育人工作的设施环境评价

高校心理育人工作的设备环境评价三要包括心理育人场所地理位置、周边环境和内部整体风格；开展心理育人工作的各功能室、办公设备、专业设施的配置及使用情况；心理育人工作所需图书资料的配备情况等。

4. 心理育人工作的实际开展评价

高校心理育人工作的实际开展评价主要包括心理育人课程的设置、教学计划、教学形式以及心理育人相关培训讲座开展情况；个体咨询、团体辅导、危机干预的具体开展情况；师生心理健康档案的建设及管理情况；心理育人教育宣传普及工作开展情况；心理育人相关科研情况等。

5. 心理育人工作的服务实效评价

高校心理育人工作的服务实效评价主要包括心理育人的年度总结、专题总结、工作记录、社会评价；师生基本心理素质和心理健康水平；学校整体心理氛围；师生对心理育人工作的接受和认可程度等。

（四）高校心理健康教育评价的方法

为了更科学、准确、及时地开展心理健康教育评价工作，实现心理健康教育评价目标，就要选择和运用恰当、有效、可靠的评价方法收集和处理评价信息。

1. 资料查阅法

资料查阅法是评价者通过广泛查阅学校心理育人工作相关的各种文献类、影像类资料来获取信息的一种间接评价方法。资料涉及学校的年度工作计划、相关会议记录、工作总结以及具体心理育人工作所形成的各类工作记录。在查阅以上资料的基础上，对比评价指标进行评定。这里需要指出的是使用这种方法必须首先要保证各种文献资料的真实性。

2. 现场观察法

现场观察法是评价者通过到心理育人工作场所进行全面观察，以获得有效信息进行直接评价的一种方法。现场观察的对象不仅包括心理育人场所地理位置、工作环境以及开展心理育人工作的各类办公、专业设施配备，还包括课程讲授、案例研讨、心理培训、宣传教育等各类心理育人工作过程等。

3. 问卷调查法

问卷调查法是评价者采用设计好的调查问卷对有代表性的师生心理健康现状，以及师生对于学校心理育人工作开展的满意程度等信息进行收集整理进而开展对标评价的方法。该方法重点在于编制或筛选科学、规范、针对性强的调查问卷来获取评价信息。

4. 协商访谈法

协商访谈法是评价者随机选择学校各类工作人员（包括心理育人工作人员及管理者、辅导员、行政人员、专业教师等）以及学生，以平等协商的方式进行深入谈话，全方位、多角度、深层次了解学校心理育人工作开展情况，是充分发挥学校各类角色的主体作用以及多元评价的优势获取信息的一种评价方法。该方法可以使评价者听到更多的声音，将自评与他评相结合，收集到更客观而有价值的信息，但同时也需要评价者具有较强的心理育人专业素质和较高的访谈技能。

5.CIPP 评价模式

2011年，教育部颁布《普通高等学校学生心理健康教育工作基本建设标准(试行)》，对高校心理育人工作提出了明确的发展目标和建设路线。许多省、市、自治区根据该标准分别制定了自己的建设标准。心理育人评估评价工作也从此走向了规范和有序。一直以来，一线心理工作者和学界专家都在致力于制定一个行之有效的评价指标体系，他们结合自身实际工作经验，提出了一些有价值的研究成果。例如，有人认为心理健康教育工作应该在领导责任、机构建设、制度建设、人员配置、经费投入等方面进行落实和评价；还有人提出要系统地评价，包括对心理教育的目标、原则、环境、设备、内容、方法、途径和工作队伍以及绩效等一系列内容进行事实分析和判断。

CIPP 评价模式被称为决策导向或改良导向评价模式，它包含了背景评价、输入评价、过程评价、结果评价四大步骤，其最重要的目的是提供有用信息，使评价方案更加有效。应用 CIPP 评价模式的理论概念，江光荣等建构了背景评价、输入评价、过程评价和结果评价的四维评价体系。

（1）背景评价

背景评价，即明确评价对象所处环境是否满足对象需要，并根据评价对象的需要对目标进行一致性判断。在高校心理育人工作评价中，心理育人工作计划与目标应作为背景评价内容。

（2）输入评价

输入评价，即为了帮助决策者选择达到目标的最佳手段而对各种可选择的计划进行评价。高校近些年心理育人工作评价规则、机构设置、心理咨询中心工作制度设置、心理咨询中心场地设备配置、心理育人专业教师编制、心理育人经费划拨等均属于输入评价中的关键因素。

（3）过程评价

过程评价，主要是预测心理育人工作实施过程中可能存在的问题，从而为决策者提供修正工作实施计划的有效信息。如开设心理育人课程、定期开展心理咨询与团体或个体辅导、开办心理育人讲座、进行心理育人素质拓展等。

（4）结果评价

结果评价，即测量、解释和评判心理育人工作实施的效果。收集与结果有关的各种描述与判断，把它们与目标以及背景评价、输入评价和过程评价反面的信息联系起来，并对它们的价值和优点做出解释。

心理育人工作质量评价还应包括：①是否能够促进广大师生的心理健康水平；②是否能够有效地促进教师专业能力的提升。心理育人工作的对象既包含学生，也包含所有教师。提高广大教师的心理健康水平，提升他们的幸福感，对于教师积极主动地与学生建立沟通交流平台具有重要意义。表 4-1 为对高校心理育人工作质量评价体系的总结。

表 4-1 高校心理育人工作质量评价体系表

一级指标	二级指标	评价细则
背景评价	教学目标	按照适合学生身心发展特点设置教学目标
		按照国家相关政策文件设置教学目标
	教学目标设置	教学目标的可行性与操作性
		教学目标实施的有效性
输入评价	组织机构设置	学校成立心理育人工作的专门机构
		有分管的校级领导
		构建高校心理育人四级网络
	制度设置	心理育人中心工作制度
		心理辅导相关记录制度
		心理危机干预制度
		专职心理育人指导教师指导制度
		辅导员定期进行心理健康教育培训制度
		能够按照上级相关文件进行专职心理育人教师工作量的计算
	人员配置	学校心理领导小组成员配置到位
		学校各级部门心理育人指导人员配置到位
		心理育人指导教师按规定比例配置
		心理咨询教师有相应资质
	软硬件配置	心理健康网络、测评软件等使用正常
		心理辅导中心、咨询中心等场地及设备均配置到位
		能够为学生提供心理学书籍与相关杂志进行阅读
	经费保障	学校每年能够提供足够的心理健康教育经费

过程评价	心理辅导	定期开展心理育人讲座
		开展团体辅导及个人咨询
		建立新生心理健康档案
		完善心理咨询记录，并按照保密制度进行管理
		有心理危机干预预案
	心理课程教学	将心理育人课程作为必修课
	渗透教育	辅导员在工作中能够有意识地渗透心理育人工作
		课外活动中能渗透心理育人
		营造积极健康的校园文化
结果评价	师生心理健康	师生出现心理健康方面问题时能够得到及时帮助
		无自杀、暴力等恶性事件发生，心理危机干预及时
	教师专业成长	心理育人教师积极开展课题研究
		心理育人教师定期参加培训与交流活动
	满意度	学生对该校的心理育人工作的满意度
		教师对该校的心理育人工作的满意度

第五章　三明学院"心理育人"的实践与探索

三明学院认真学习贯彻落实习近平总书记对高校工作的重要批示精神，积极落实教育部关于高校"三全育人"综合改革试点工作部署，纵深推进"三全育人"综合改革，稳步提升高校思想政治工作质量和育人工作实效。三明学院根据教育部党组出台的《高等学校学生心理健康教育指导纲要》和教育部等十七部门联合印发《全面加强和改进新时代学生心理健康工作专项行动计划（2023—2025年）》等精神，积极强化全体教职员工的心理育人的积极性，增强心理育人意识，提升心理育人工作水平，高质量推进心理育人工作。三明学院坚持育心与育德相统一，坚持全面提高大学生心理健康素养和加强重点人群心理帮扶相结合，构建校院两级互动、课内课外兼修、线上线下并举、自助互助同行、医校家协同的心理育人联动模式，完善覆盖全校、学院、班级、宿舍的"四级"心理工作网络，形成教育教学、实践活动、咨询服务、预防干预、平台保障"五位一体"的心理育人工作格局，全员全过程全方位守护大学生心理健康。

第一节　三明学院心理育人工作的顶层设计

一、三明学院心理育人工作理念

三明学院坚持深入学习贯彻习近平新时代中国特色社会主义思想，全面贯彻党的教育方针，坚持为党育人、为国育才，围绕培养什么人、怎样培养人、为谁培养人这一根本问题，坚持德智体美劳"五育并举"，着力培养全面发展的时代新人。三明学院坚持立德树人，牢牢抓住心理育人阵地，加强心理健康普及性教育，加强人文关怀和心理疏导，规范心理辅导服务，培育自尊自信、理性平和、积极向上的健康心态，促进学生心理健康素质与思想道德素质、科学文化素质协同发展。三明学院坚持普及性教育和重点人群心理帮扶的主体思维，坚持通过问题导向,反向思考心理育人环节设计的逆向思维,坚持心理健康教育渗透课堂、生活、实践活动、环境、网络的整体思维,构建咨询服务、教育教学、实践活动、预防干预、平台保障"五位一体"的心理育人模式,逐步打造心理育人品牌,推动心理育人高质量发展。

二、三明学院心理育人工作思路

三明学院高度重视心理健康工作,坚持育心与育德相结合,充分发挥心理健康教师、辅导员、思想政治工作干部等队伍心理育人的作用,逐步完善朋辈心理辅导功能,形成以学生发展为主题,全面普及心理健康教育和重点人群心理帮扶相结合,构建校院两级互动、课内课外兼修、线上线下并举、自助互助同行、医校家协同等"五大心理服务"联动模式,完善覆盖全校、学院、班级、宿舍的"四级"心理工作网络,引导学生科学识别心理问题,形成"会求助,肯受助,愿助人"的心理健康意识,形成教育学、实践活动、咨询服务、预防干预、平台保障"五位一体"的心理育人工作格局,全员全过程全方位守护大学生心理健康。

(一)加强普及性心理健康教育

加强心理健康教育,把心理健康教育课程纳入学校整体教学计划,组织编写大学生积极心理健康教育校本教材,与打造心理健康课程思政,实现心理健康教育与思想政治教育协同推进,实现心理健康普及教育全覆盖;积极打造心理健康教育品牌活动,巧借"3·20、5·25、10·10、12·5"等大学生心理健康节为代表的重要时间节点,精心组织开展形式多样、丰富多彩的心理素质拓展活动、心理健康讲座、心理沙龙等心理实践活动,不断增强心理健康教育的吸引力,普及心理健康知识;结合各时间节点和学生心理需求,编发《新生心理支持手册》,依托校园官微、三明学院心理健康中心网站、三明学院易班微社区等线上线下多途径科普心理健康知识,营造良好的心理健康氛围,提升大学生的心理保健能力。

(二)健全重点人群个性化心理服务体系建设

强化咨询服务,按照师生比不低于1:4000的比例配齐专职心理健康教师,挖掘校内和校外咨询师的专业力量,壮大专兼职心理咨询师队伍力量;加强专兼职心理咨询教师队伍的专业培训和伦理培训,保证心理咨询与心理疏导服务的专业性,健全心理咨询值班、预约、转介、重点反馈等制度;通过线上线下齐步走定期、及时、有效的方式为大学生提供心理咨询与疏导服务，充分发挥"医校共建"的优势，畅通共建医院心理热线，为学生提供 24 小时心理咨询服务；加强预防干预，科学使用心理健康测评工具开展新生心理健康测评、春季心理健康测评，摸清毕业季、考试季及其他特殊时期学生心理状态，建立在校生心理电子档案和分级分类的建立重点人群的身心安全台账，定制"一生一档"个性化心理帮扶措施；健全预警体系，完善学校、学院、班级、宿舍"四级"预警防控体系，制定《大学生心理危机预防干预实施办法》和《突发事件报告流程图》，畅通转介诊疗机制，汇编心理育人工作案例，有效预防心理危机事件；完善工作保障，保障每年心理健康专项经费投入和心理健康工作场所，继续建设好"福建省高校学生心理健康教育工作基本建设标准示范校"，研制大学生心理健康工作实施方案，不断提升心理育人水平。

三、三明学院心理育人工作目标

三明学院心理育人工作坚持发展性与预防性、普遍性与特殊性、主导性与自主性、科学性与实效性相结合的基本原则，着力构建三明学院特色的心理育人工作体系；构建与健全教育教学、实践活动、咨询服务、预防干预、平台保障"五位一体"的心理育人工作格局，形成多方协同、同向同行的心理育人合力；以"一站式学生社区"为主阵地，扩大心理健康教育的覆盖面和受益面，提升学生心理知识的知晓率，增强心理健康意识，有效提升大学生心理素养；引导大学生科学识别心理问题，使学生心理健康问题能够关注及时、措施得当、效果明显，形成"会求助，肯受助，愿助人"心理健康意识，使心理危机得到有效干预。

四、三明学院心理育人工作原则

高校育人工作是一项系统工程，心理育人是高校育人工作中不可或缺的一环。心理育人有助于提高全体大学生的心理素质，充分开发他们的潜能，培养乐观、向上的心理素质，促进大学生人格的健全发展。心理育人是立德树人的重要方面，因此心理育人工作需要遵循以下基本原则。

（一）坚持整体性原则，推进育人元素整合

新时代育人工作强调从全局出发，统筹兼顾，推进育人元素的整合、系统的整体优化。要实现以"全局一盘棋"推动"育人工作"的系统整合，就要做到以

下四点。一是要整体布局，加强顶层设计。坚持以习近平新时代中国特色社会主义思想为指导，坚持育心与育德相统一，强化问题导向、突出实践导向，全面规划，绘好"路线图"，确定"任务书"，列出"时间表"。二是要整体推进，加强组织领导。健全工作机制，成立"育人工作"建设的领导小组、工作小组，组建专家咨询委员会，制定"育人工作"建设的工作方案，完善推进机制。三是要整体协调，加强支持保障。高校要加强政策协调配套，统筹专项基金，统筹整合校内校外各类资源，支持高校推进"育人工作"建设；四是要整体优化，加强示范引领。分层分类开展"育人工作"综合改革试点，做优一批品牌示范活动，建成一批示范学院，选树一批育人典型案例，建设一批育人工作示范点。

（二）坚持协同性原则，推进育人要素耦合

新时代育人工作的耦合性要求坚持协同性原则，推进各育人要素耦合。耦合不是立德树人活动在不同场域、不同要素、不同举措的简单相加，而是各环节、各要素的联动耦合，最终形成协同育人的整体效应。首先，要推进全员协同。高校"要让有信仰的人讲信仰"。充分尊重"育人必须从人出发"的理论指导，借助人与人之间的交互，用生命影响生命，尊重人本特征。原则上，所有的教职员工都可以成为育人的主体。如专业课教师、思想政治教育教师、辅导员、行政干部、宿管阿姨等不同育人主体。在全员育人视角下，就应该发挥不同主体在育人中的积极作用，要充分发挥各自优势，互为补充；应该加强"家校"协同育人，共促共育，通过家校协同创设健康良好的学生成长生态系统。其次，要推进全过程协同。三明学院心理育人工作遵循教书育人规律、学生成长规律和心理健康教育的性质，深入调研各个年级大学生对心理诉求，科学地制定不同阶段大学生心理育人的目标和方法，满足大学生在各个阶段成长的心理需求。推进心理健康教育渗透学科教育，使心理健康教育课程与其他课程同向同行，充分发挥其他课程的心理育人作用，建构"大思政课"下心理育人共同体；推动"主渠道"和"主阵地"协同，心理育人工作要把大学生心理健康教育课程的知识普及当作主题，安排心理实践活动，大学生心理健康教育课程要把心理实践活动中产生的问题上升为理论素材，加以分析挖掘，推动理论与实践的结合。最后，要推进全方位协同。三明学院心理育人工作重视课上课下有机统一，以大学生心理健康教育教学为桥梁，从政策支持、师资队伍、经费支持和场地建设等方面推动课堂教学与实践教学协同并进，打造全方位心理育人的大格局；要实现线上线下有机统一，加

强新媒体的应用，以适应大数据时代学生的心理需求，打造"心理云课堂"；要实现校内校外有机统一，携手社会资源的力量把三明学院的心理育人工作拓展到社会，构建由校内向校外延伸的多样化心理育人工作体系。

（三）坚持反馈性原则，推进育人效果提升

在心理育人工作中，需要通过多渠道的反馈机制建立科学合理的评价机制，评估心理育人的效果。首先，通过心理健康管理系统、大数据等评价工具科学测量和解读大学生在心理健康教育中的显性和隐性变化，预测和预判心理健康教育效果，为心理健康教育的改革提供科学的数据支撑。其次，借助宿舍心理信息员、班级心理委员、辅导员、专业教师、学生家长等心理育人队伍的观察和评价，为心理育人效果提供多元性的参考指标。最后，多途径的收集学生在学习、生活中的心理变化、学习状况变化、人际交往情况变化等各方便的信息，为心理育人的方法调整和改善提供现实依据。

（四）坚持分级辅导原则，推进育人机制优化

三明学院心理育人要坚持普及性知识教育和重点人群个性化心理帮扶的原则面向全体、部分、个别相融合的心理育人模式。首先，面向全体大学生，以预防和发展性教育为主，注重心理健康知识的普及、学生潜能的开发和良好心理素养的提升为目标。其次，针对大学生群体中普遍存在的心理困惑，以团体心理辅导、心理沙龙等形式解决心理困惑为主要目标。最后，针对大学生群体中治疗心理问题或心理疾病为目标。三明学院形成了三级分层分类的育人模式，相互协同，共同形成心理育人的长效机制，推进了心理育人机制的优化。

第二节　三明学院心理育人工作举措与成效

近年来，三明学院坚持立德树人，围绕"三明三康"育人理念，牢牢抓住心理育人阵地，在深化"三全育人"综合改革中，积极探索并丰富"一站式"学生社区综合管理建设，以学生需要为出发点，以全面提升学生心理健康素养为目标，多措并举扎实推进，不断丰富心理育人内涵，逐步打造心理育人品牌，大学生心理育人工作取得了积极成效。

一、三明学院心理育人工作举措

（一）打造多元化教育教学体系

教育教学活动是开展心理健康教育的主阵地，也是心理健康教育的中心环节。

1. 加强知识教育

以"问题导向"为教学理念，把心理健康教育课程纳入学校整体教学规划，组织编写《积极心理健康教育》示范教材，录制一批心理微课，开发建设"大学生心理健康"慕课，实现心理健康知识教育全覆盖；以教育教学建设为中心，构建以"大学生心理健康教育"通识必修课为主体，以积极心理学、生命教育、挫折教育等选修课程为补充，并将心理健康教育融入思政教育、劳动教育和课程教育当中，形成"一体多翼"的多元化教育教学体系。

2. 加大教学改革力度

根据时代的变化和学生的心理发展需求进行教学设计，使教学内容更加贴近学生实际。注重发挥学生的主体作用，综合运用多种教学方法增进学生的情感体验，将知识传授与心理体验、行为训练相结合；合理运用现代信息技术，积极探索慕课、翻转课堂等教学模式，增强学生的参与感、在场感；提高心理健康课程的吸引力和感染力，普及心理知识；提升心理健康意识，促进心理品质的优化。

3. 加强网络心理健康教育

主动占领网络心理健康教育新阵地，建设好融思想性、知识性、趣味性、服务性于一体的心理健康教育网站、网页和新媒体平台；广泛运用官微、微社区、心理健康中心网站等媒介，精心设计宣传内容；突出不同层次、不同年级、不同专业学生的心理需求，通过网络心理测试、网络心理咨询、网络心理健康教育课程等多种形式，不断扩大心理健康知识的宣传覆盖面，倡导健康生活方式，提高心理保健能力。

（二）构建实践活动体系

实践活动是普及心理健康教育的"第二课堂"，是课堂教学活动的有益补充，组织学校、学院、心理社团（心理成长协会）三维协同，结合时节、需求、热点，营造心理育人活动氛围。

1.打造教师助力成长心理实践活动平台

面向全体在校生开展多形式，全方位的心理健康活动，创新活动形式，打造以心理健康教育为主题的精品活动，不断凝练心理健康教育活动特色，培育心理育人精品项目，提高心理育人活动的吸引力；面向心理发展任务滞后、存在心理困扰或者突出心理问题的学生开展以专业教师引导为主的团体心理实践活动；积极开展"3·20""5·25""10·10""12·5"全年的心理育人系列活动，激发学院活动，打造特色亮点，形成"一院一品"的特色心理品牌活动。

2.打造朋辈互助共成长心理实践活动

以朋辈互助为主要形式，以班级心理委员、宿舍心理信息员等朋辈队伍，主要面向在心理发展过程中存在发展困惑、有一般性心理问题的学生群体，以发展良好的人际交往能力、建立亲密关系的心理发展任务为育人导向，开展以学生社团为主导的心理实践活动。

3.打造学生自助成长心理实践活动

加强对心理社团（心理成长协会）的指导，面向有心理发展需求的普通学生群体，开展知识普及和宣传教育的心理实践活动，以帮助学生养成良好的行为模式，掌握有效的心理调适技能，促进学生养成积极向上的健康心态为主要任务的心理实践活动。

（三）构建心理危机预警干预体系

开展普及性心理健康教育的同时，利用心理测评工具和专业化手段对个体心理健康状况和心理问题进行评估和有效甄别，形成全面普查、重点筛查、个体辅导、有效干预等一体化的心理预警防控机制。

1.完善大学生心理测评机制

心理健康测评是掌握学生心理健康状况的有效手段。加强对大学生的普查力度，掌握大学生的心理状况，总结大学生心理健康的特点和存在的突出问题，以便有针对性地开展心理普及教育；借助心理健康测评准确筛查出重点关注群体，提高预防干预的精准度。

2.完善心理咨询服务

健全心理咨询服务体系，优化心理咨询服务平台，加强心理健康教育中心软硬件建设，鼓励专兼职心理健康教师提升专业化水平，保证心理咨询服务的专业性；开展个体心理咨询和团体心理辅导相结合的心理咨询服务体系，构建全时段、全方位的咨询服务网络，满足学生多样化的心理服务需求。

3. 做好心理健康状况筛查

健全大学生心理状态动态监测机制，建立全覆盖、重点突出的心理动态监测，做好重点人群、重要节点的监测；构建定期筛查与重点筛查相结合的心理健康状况筛查体系；积极探索智能化校园建设，建设大数据信息平台；构建学生思想行为表现异常的预警机制，搜集学生的思想行为信息，关注学生的思想行为变化；通过智能化平台自动化的科学分析和比对，对大学生的异常行为表现自动预警，以便及时有效发现心理危机。

4. 完善大学生危机反馈流程

三明学院大学生心理危机反馈实行"信息收集—危机研判—任务派遣—事件处置—结果反馈—核查存档"六部闭合型的工作流程。信息收集主要途径是心理健康测评结果反馈、二级学院教育教学和日常管理中发现反馈、心理健康中心心理咨询过程中发现反馈。危机研判是指根据收集的信息进行核实，心理健康中心三人以上共同研判后确立是心理工作范畴就建立工作档案，不属于则移交至相关单位处理。任务派遣是指根据学生问题归属确立办理单位转交工作。事件处置是指在一定时间内，相关单位接到任务后，第一时间进行处置，并对处置过程进行记录。结果反馈是将事件处理的结果及时上报部门领导。核查存档是对汇报的结果采取不同方式进行核实，并将核实的结果进行上报。

二、三明学院心理育人工作保障

（一）心理育人工作的组织保障

三明学院将心理健康教育纳入学校改革发展整体规划，纳入人才培养体系、思想政治工作体系和学校办学质量督导评估指标体系。三明学院成立了心理健康教育工作领导小组，由主管学生工作的副书记担任组长，领导小组下设办公室，办公室设在党委学生处（学生工作部），统筹领导全校心理健康工作。班级设立班级心理委员，主要负责开展班级心理健康知识宣传和心理健康实践活动。宿舍设立宿舍心理信息员，协助班级心理委员开展心理健康工作，并及时汇报宿舍成员的心理健康状态。建立健全学校心理育人工作管理及考核评价体系，结合学校心理育人工作的发展进程和实际需要，不断完善心理健康教育工作的规章制度，优化心理健康教育服务机制、重点关注学生跟踪反馈机制等，夯实心理育人的组织保障。

（二）心理育人工作的条件保障

落实心理健康专项经费，按照规定的标准纳入学校经费预算，做到专款专用。加强心理健康教育场地建设和优化布局，设立布局合理的心理预约室、心理咨询室、音乐放松室、心理宣泄室、团体辅导室、心理测评室等心理功能室，逐年为心理健康中心添置必要的心理咨询设备和器材、常用的心理测评软件、统计分析软件和心理健康类书籍等心理健康教育工具。依托"一站式"学生社区建设，整合建立协会（社团）活动室、石榴籽工作室、社区党建活动室、学生社区自习室、报告厅和舞蹈厅等活动场所 30 余间，满足学生多元心理需求，保障心理健康工作质量和水平。

（三）心理育人工作的条件保障

三明学院按照教育部 1:4000 的比例配齐配强心理健康教师，加强心理健康教师工作队伍建设，着力建设以专职心理健康教师为骨干、兼职心理咨询师和辅导员等思政工作干部队伍为辅，以班级心理委员和宿舍心理信息员为桥梁纽带，专兼结合、相对稳定、能力较强的心理健康工作队伍。三明学院专职心理健康教师的队伍纳入思政队伍管理，专业技术评聘纳入大学生思想政治教育教师队伍系列。积极组织开展心理育人工作队伍培训，保证专职心理健康教师每年接受不低于 40 学时的专业知识培训。重视对辅导员及其他从事思政工作干部、教师的专业培训，通过"引进来"和"走出去"相互结合的方式，用心理沙龙、案例研讨、个案督导等多种形式，提升心理育人工作队伍的心理素养和心理育人工作能力提升，保障心理育人工作高质量的发展。

三、三明学院心理育人工作成效

（一）搭建完善的心理育人工作平台

1. 搭建高品质的心理育人课程平台

三明学院从成立心理健康中心开始，就面向全体在校生开设《大学生心理健康教育》公共必修课，牢抓心理健康教育主阵地，在课堂上普及心理健康知识。现在，心理健康中心积极运用心理学理念，立足地方本科院校学生学情，构建多元化的心理育人课程体系。一是发挥心理健康课程的育人作用，编写《大学生积极心理健康教育》校本教材，在课堂教学、学习方式、课程教学评价等环节中渗透心理育人。二是丰富育人载体，延伸课程育人功能，丰富相关图书资源，开发"尔雅""慕课""微课"等线上教育教学方式，有益补充课堂教学普及性教育的不足。三是协同其他课程体系渗透心理育人，融合十大育人体系，联动各育人载体，最大限度的发挥协同作用，打造品质的心理育人课程平台。

2. 搭建高品位的心理育人实践平台

一是搭建教师助力成长心理实践活动平台，巧用"3·20""5·25""9·10""10·10"开学季、毕业季等重要时间节点，面向全体在校生开展多形式、全方位的心理健康活动，创新活动形式，打造以心理健康教育为主题的精品活动。二是搭建朋辈互助共成长心理实践活动，依托心理社团（心理成长协会），以朋辈互助为主要形式，主要面向存在发展困惑、有心理问题的学生群体开展"心理读书会""心理趣味运动会"等以学生社团为主导的心理实践活动。三是搭建学生自助成长心理实践活动，以面向有心理发展需求的普通学生群体，开展知识普及和宣传教育的心理实践活动，以帮助学生养成良好的行为模式，促进学生养成积极向上的健康心态为主要任务的心理实践活动。

3. 搭建高品格心理育人宣传平台

一是依托校园广播站"心灵之声"栏目，每周二根据不同时间节点和学生特点直播宣传普及心理健康知识，扩大心理健康教育的影响力。二是创设"心灵驿站"报刊，针对大学生心理特点，剖析大学生在生活中所遇到的困惑与压力，传播心理知识，为大学生搭建加强沟通和心理实践平台。三是依托三明学院微社区、心理健康中心网站开设"心理云课堂""心理百科""青春物语"板块，宣传心理健康知识，提升心理知识通识率。四是依托心理健康中心文化墙和宣传展板，常态化的宣传普及心理健康知识。

4. 搭建高效能的心理育人服务平台

三明学院在没有心理学科专业背景下，依托教育与音乐学院组建了公共教育理论课程教研室，着力培育能够胜任心理健康教育教学、团体心理辅导、专业心理咨询与辅导兼备的专业化队伍，实行梯队化培养，做好"老带新"的青年教师培养，常态化开展新教师试讲、集体备课、团体辅导培训、案例督导、个案研讨、教学比赛等活动，以老带新，以赛促建。招聘专兼职心理咨询师，全资质上岗，24小时全天候服务，心理预约全"网络"运行。开展"优秀班级心理委员""优秀宿舍心理信息员"评选，组织"心理健康知识"演讲大赛，培育学生树立自尊自信、理性平和、积极向上的良好心态。

（二）制定完善的心理育人工作机制

三明学院以学生发展为主体，以培育学生自尊自信、理性平和、积极向上的心态为目标，围绕"三明三康"为育人理念，构建"教育教学、实践活动、心理咨询、危机干预、平台保障"五位一体的心理育人格局，形成了责任落实、摸排研判、帮扶干预、合作联动、危机处置"五个"联动机制，将心理健康教育融入学生成长的每一个环节。

1. 责任落实机制

三明学院把心理育人纳入思政工作的重要组成部分，明确各级党组织的职责范畴，形成"党委领导、学工主导、中心牵头、部门协同、全员参与"工作体制，形成"校心理健康中心、二级心理辅导站、学生社团、班级、宿舍"层层负责的五级责任制体系，全员全过程全方位守护大学生心理健康。

2. 摸排研判机制

三明学院高度重视大学生心理危机预防和干预工作，利用教育部"中国大学生心理健康测评系统"和校"心海导航"系统开展全校大学生春季、秋季、开学季以及特殊时期的心理健康测评，建立全体在校生的心理电子档案，筛查重点关注学生形成特殊学生预警库，建立"一生一档"台账。同时，注重对心理育人队伍的专业培训，具备在日常学生管理工作中能够发现有心理异常学生。心理健康中心也积极关注心理咨询中遇到心理问题学生。对于有心理问题的学生，心理健康中心工作人员经过共同评估后，建议其就医并列入"一生一档"台账。对于需要重点关注的特殊学生，实行不定期的谈心谈话，并动态更新台账，实习"一生一策"的帮扶措施，保障大学生的生命健康。

3. 帮扶干预机制

三明学院制定了《三明学院学生心理危机预防与干预实施办法》《三明学院

关于进一步加强和改进大学生心理健康教育的意见》等制度；建立了科学性、系统性、可操作性的预警机制，与专科医院（三明市台江医院）建立合作机制，加强校医协同，整合多方资源，为学生搭建了心理治疗平台；加强家校联动，组织辅导员通过面对面、电话、网络等方式加强学校与家长的沟通；对于有严重心理疾病的特殊学生，各学院主动提出家长参与学生教育，凝聚教育合力，保障学生生命安全。

4. 合作联动机制。

三明学院心理育人工作加强校院联动，同步建立起四级心理预警防控体系，强化班级心理委员、宿舍心理信息员业务培训，提升心理危机预警能力；鼓励朋辈联动，注重发挥学生朋辈心理辅导作用，选拔班级心理委员和宿舍心理信息员，加强学生心理成长协会的指导与建设，提升心理健康教育水平；规范咨询联动，积极构建"预防为主＋特别干预＋应急响应"的心理危机预防干预机制，针对学生心理咨询需求，开通心理支持热线，为学生提供咨询服务；健全医校联动，与三明市台江医院建立合作机制，联合做好危机干预工作，并及时开展转介治疗。

5. 危机处置机制

三明学院把大学生心理危机预防和干预工作融入学校处置突发性事件工作体系；如果发生心理危机事件，心理健康中心在学校领导的领导和指示下，负责制定当事学生心理救助方案，实施心理救助，并根据实际需要，安排心理健康教师处理事件引发情绪波动学生，并做好善后心理工作。

第三节　三明学院心理育人工作案例

案例一　"从'心'出发，梦想起航"新生入学教育案例

以艺术与设计学院"二级心理辅导站"对2020级新生进行新生入学教育为例，呈现艺术与设计学院"二级心理辅导站"多措并举帮助新生更好地完成从高中生活到大学生活的重要转变，为新生更好地融入大学生活打下良好基础。

一、案例简介

三明学院各二级学院设置了"二级心理辅导站"。"二级心理辅导站"直接受学院党委领导，由学院分管心理健康教育工作辅导员指导、校心理健康中心协助开展工作。"二级心理辅导站"成员主要由分管学生工作院党委副书记、辅导员、班级心理委员、宿舍心理委员构成。

三明学院艺术与设计学院设有6个专业，其2020级新生有400余人。刚从高中生活步入大学的大一新生，面临很多新的转变：自主学习模式的转变；独立生活模式的转变；课外实践活动的多元化转变；人际关系的多样化转变。"二级心理辅导站"以新生适应为目标，以积极引导为手段，配合学院各部门参与新生入学教育，帮助2020级新生更快地适应大学生活，实现心理快速、健康的转变。

二、案例措施

1. 心理主题班会，实施心理育人的"塑心工程"

开学之初，大部分新生对大学生活感到迷茫，有的同学因为刚来到新城市，人生地不熟的，还处在适应新环境的不安状态；有的同学认为终于结束了高考，到大学应该开始放松，可能开始放飞自我的状态；有的同学，虽然知道不能辜负大学的美好时光，应要努力学习，但是没有努力的方向，不知道该如何抉择。基于以上现实情况，艺术与设计学院利用好军训及开学的集中教育时间，以入学适应和学风建设为主线，组织"二级心理辅导站"携手"班级小导"以开学季为主题开展了一批主题班会。"二级心理辅导站"按照统一制定的方案指导各班级心

理委员开展心理健康工作，帮助同学们迅速地了解大学生生活，了解大一到大四的学习目标，帮助同学们确立自己的学习任务、社会实践技能以及如何处理人际关系的变化，给新生们呈现四年的生活和应该努力的方向。这种有效的心理主题班会方案让处在迷茫期的新生们能够快速适应大学生活。

2. 经验分享座谈会，实施心理育人的"舒心工程"

许多新生刚入学就对大学生活、学习等各方面都有所顾虑，特别是没有集体生活经验的部分新生，在宿舍集体生活中表现得很拘谨。虽然不少新生会学习与人相处之道，但是当面对全新的生活环境时大多数人都会不知所措。同时，面对即将开始的学习生活，大部分新生也担心学习会跟不上。为了解决以上问题，艺术与设计学院为每个班级设置"班级小导"。"班级小导"主要由大学二年级的学生干部担任。"班级小导"利用课余时间在各班级开展经验分享座谈会。座谈会上，"班级小导"的自身丰富的生活经验给新生们提供了很好的学习榜样。"班级小导"利用座谈会帮助新生分析大学学习模式，介绍新生适应新学习模式的方法，如集中学习、小组讨论、网络学习等有效方法，帮助同学们解除学习的后顾之忧。关于人际关系的变化，他们也分享了自己过去一年时间如何跟班级同学、宿舍同学更好相处的方法，也分享了遇到矛盾时，应该如何处理的建议。"班级小导"也邀请有经验的学长学姐，开展学长学姐见面会，向同学们分享目前学校的社会实践活动如何参与以及竞赛项目的参与方式，让同学们在开学季能够舒心地开启学习生活。

3. 新生团体心理辅导，实施心理育人的"安心工程"

开学季的第一堂课是军训。军训是同学们建立人际关系的黄金时段。在这个宝贵时间，艺术与设计学院"二级心理辅导站"的主要任务之一就是完成人际破冰，为和谐的班级人际关系和宿舍人际关系打下良好的心理基础。学校心理健康中心提供团体心理辅导方案，负责对全本"班级小导"进行短程的团体辅导培训。在团体心理辅导实施过程中，通过"蛟龙出海""激情节拍""滚雪球"等经典小游戏完成人际破冰。通过这样的团体心理辅导活动，加快同学们彼此认识，强化同学们的集体意识，帮助同学们更快地适应新的人际关系模式，安心开启大学生活。

4. 新生谈心谈话，实施心理育人的"暖心工程"

艺术与设计学院新生辅导员、班级小导以及班级心理委员积极开展谈心谈话和朋辈心理辅导工作，让因入开学季产生心理困扰的新生感受到老师、同学们的关心关爱。对于个别难以适应新环境的新生，鼓励新生接受校心理健康中心的个体心理辅导。同时，校心理健康中心开展全校班级心理委员、宿舍心理信息员技能培训，并组织选修"高校心理委员工作平台"课程，提高心理健康知识水平和朋辈工作能力水平。

5. 创建人文环境，实施心理育人的"润心工程"

艺术与设计学院"二级心理辅导站"携手学生会组织积极开展宿舍文化建设，营造舒适的宿舍环境和楼栋人文环境，开展宿舍主题文化大赛，形成积极向上的生活和学习氛围。在宿舍主题文化大赛中，学院定制大赛的方案，提供积极的口号、标语供大家参考使用，帮助同学们打造属于各自温馨的宿舍氛围、楼栋文化环境，潜移默化地浸润着学生的心灵。

三、案例反思及工作建议

1. 突出问题导向，注重教育实效

"心理辅导站"工作要立足于学院的实际情况，结合专业特色和学生的实际需要。入学教育与专业教育是紧密不可分的。要牢牢把握入学教育阶段的同时，增加专业教育的模块使新生教育内容更加丰富、更加立体，效果更加明显。

2. 加强队伍建设，注重能力培养

三明学院实行"四级"心理健康工作网络体系，根据工作网络的不同级别，明确相应的工作责任。学校开展心理健康工作，需要有扎实的专业知识、具备专业心理工作技能的工作人员。这就需要加强辅导员队伍，班级小导、班级心理委员等学生干部的心理健康工作能力的培训，保障心理健康工作的顺利开展。

案例二 "育人育心，帮扶铺平学业之路"学业帮扶案例

辅导员在学生管理中发现学业困难普遍存在。针对这类情况，在学生管理工作中，要协同多方力量，制定"一生一档"帮扶措施，对症下药，引导学生重新拾起学习的乐趣。

一、案例简介

小王同学（化名）是三明学院某学院大二学生，男性，西南某省农村学生。其是家中老大，性格偏内向，朋友较少，不爱与人交流。小王主动联系辅导员表明自己的学习状态很差，身心方面可能都出了问题，自己不知道该怎么办。他说他这一学期对任何事情提不起兴趣，做任何事情都觉得没有意义，平常在宿舍玩游戏也觉得没什么意思，纯粹就是为了消磨时间，突然觉得人生没有追求和希望，想要休学。

经辅导员深入了解情况发现，小王从就读中职校开始，理科成绩就比较薄弱，进入大学后，即使在自身非常努力的情况下成绩也不如人意。小王在大学一年级时参加运动会腿部曾经受伤，身体康复后，总有疼痛的感觉，多重因素影响下，感觉无法集中注意力学习，挂科又多，自己感觉没有什么希望，所以才自暴自弃。课余时间都待在宿舍，吃饭基本靠外卖，逃避现实，花费大量的时间在网络游戏上，甚至通宵达旦地陷入网络游戏当中。

二、案例分析

学业是大学生最重要的任务，对学生提升专业知识能力和综合技能具有至关重要的作用。小王同学现在的学习情况、学习状态都不容乐观。辅导员通过与小王同学谈心谈话、查看档案、沟通家长等方式了解到小王同学出现学业困难的原因。首先，学习基础不扎实，挂科后，对学习能力产生怀疑，对学习产生逃避心态，沉迷网络游戏。其次，小王同学宿舍学习氛围不好，同宿舍的同学都比较懒散，组团玩游戏，形成了"淡化学习，共同娱乐"的不良氛围，自控力不足的小王同学也深陷其中。

三、解决措施

针对小王同学现存的问题，辅导员全面收集资料，挖掘有效的资源，为小王同学的转变做准备。

1. 谈心谈话，思想引导

辅导员与小王同学一起散步、一起吃饭，利用课余时间与小王同学建立起相互信任的师生关系，了解到小王同学主要是由于成绩和自己的努力不成正比，进入大学后，那种不甘落后于人的心理状态引起的自我否定和焦虑。在谈心谈话过程中，首先，辅导员给小王做好积极的引导，帮助小王同学厘清学习上存在的问题。除了理工类的科目，小王同学其他成绩都是很棒的，说明他学习力可以，帮助他找回学习的自信心。其次，指出高校的学习更需要自主学习，对于薄弱的科目，需要找到应对方法，鼓励他课后可以请教专业老师、学长学姐。最后，考虑到小王同学的心理状态，建议小王需求校心理健康中心的帮助，评估小王同学的身心状态，找回上大学的初心，回归学习的正轨。

2. 家校联系，协同教育

小王同学父母务工，家里兄妹3人，他是长子，从小背负的责任更大。辅导员经常与小王同学的母亲保持电话联系，不定时地汇报小王同学的变化，告知大学学习生活的不同之处，建议家长要与孩子积极沟通，经常关心孩子的情况，鼓励孩子直面困难，鼓励孩子尝试积极的转变。

3. 朋辈帮扶，良友伴行

对小王同学的朋辈帮扶主要体现在两个方面：一方面是学业辅导，给予学习上的帮助；另一方面是情感支持，给予思想上的抚慰。辅导员充分发挥党员干部的积极作用，协助小王同学与成绩优异的党员干部结对子，给予及时的学业帮扶，在思想上给予抚慰和激励，让他感受到班级这个大家庭的温暖。同时，发挥班级心理委员、宿舍心理信息员的积极作用，不定时他关注小王同学学习和生活情况，及时发现其存在的困难和问题，了解思想动态，通过自身的示范和榜样作用，帮助他转变学习态度，改善学习方法，提高学习效率，进而调整情绪和心态，实现自我管理、自我完善、自我发展，变被动"输血"为主动"造血"。

通过一个学期的努力，小王同学的情况基本改善。小王同学变得更开朗了，主动与老师打招呼，积极参加班集体活动。辅导员突击下宿舍时候他都在认真学习，并礼貌问好，还主动与辅导员谈话。小王同学最终认识到作为学生该努力学习，积极调整自我心理状态，不忘初心，无悔青春。

四、案例反思

1. 了解学生真实想法，学生为本

"00后"大学生思想较为活跃，自主性强，但是抗挫折能力较弱，遇到小困难、小挫折可能都难以应对，多数同学采用回避的方式应对，少部分同学从此深陷网络游戏，不能自拔。作为老师和家长要在教育引导过程中，设身处地地从学生的角度出发，切忌一味地说教，更不能将期望强加给孩子，这样无疑是增加巨大负担；平时聊天谈话时，要注重倾听，让学生充分表达自己内心深处的想法，将学生的思维拉到他自己的行为所产生的后果上来，学生的理解往往是他们对自己的行为后果的被动理解，例如网络游戏，要共同分析利弊，引导学生正确去衡量自己的行为，做到自我纠正。

2. 充分考虑个体差异，因材施教

由于地区、文化、教育程度不同，大学生会有各种各样的成长背景。面对案例中小王同学这类之前学习努力，遇到困难后自暴自弃的学生，辅导员应当认真挖掘分析学生问题产生的原因，了解学生真实想法，做到"一人一档"，对症下药。在辅导员工作中，小王同学这种情况仅仅是一个案例，其他学生或多或少也会遇到思想上、学习上、生活上的各种问题，这就要求辅导员要掌握每一位学生的基本情况、思想动态，建立一生一档成长档案。

3. 时刻关心学生动态，谈心谈话

作为老师，要时刻关心关注学生，及时了解学生动态，帮助学生舒缓在学习、生活上遇到的压力和困难，不能让这些即将"展翅高飞的雄鹰"在起飞前就失去信心，甚至自我放弃，要用力、用心、用情帮助学生走好步入社会的"最后一公里"。在大学的学习生涯中，要持续关注学生，帮助其树立自信心，引导学生正确面对学业压力，并定期到学生宿舍谈心谈话，了解学生在课余时间在干什么，真正做好大学生健康成长的指导者和引路人。

案例三 "走出迷茫，逐梦飞翔"入学适应困难大学生心理辅导案例

大学生的四年学习生涯能否顺利，很大程度上决定于大学一年级的学习和生活状态是否良好。从高中生活向大学生活转变过程中，大学生如果角色转变不顺畅，就可能引发很多适应不良的问题，包括学业兴趣淡漠、学习参与度降低、学习成绩不佳、人际关系出现障碍、精神和健康状态不良、中断学业等。这就需要高校教育工作者高度重视新生的入学教育，帮助大学生重新认识自己，学会思考，从而成功实现角色的转变，更快、更好地适应大学生活。

一、案例简介

小雅同学（化名）是三明学院某学院大一学生，女性，来自东北某省农村，为家中长女，平常表现较积极，性格活泼，但与宿舍同学相处一般，喜欢一个人独处。由于父母常年在外务工，小雅从小跟爷爷奶奶、妹妹在家，异常懂事，主动承担家务事，并照顾妹妹，其父母勉强能够满足家庭物质要求，与其沟通较少。在谈心谈话和日常交流中，辅导员发现该生存在的最大困扰是对自己所学专业的迷茫，同时因其远道而来，没有朋友，很孤独，对枯燥的大学生活也表现得很反感。舍友们反映，小雅的人际交往能力欠缺，比较自我，经常忽略别人的感受，做错了事，虽然给同学道歉，但总是不改，这就导致很多同学慢慢疏远她。

二、案例分析

小雅同学进入大学后，心理上觉得这个学校没有给自己归属感，内心觉得自己和这个学校的学生特别是宿舍同学不是一类人，其内心偏差导致融入大学生活存在困难。辅导员通过多方途径了解到，小雅同学出现的适应困难主要表现如下。

1. 角色变换的冲突

辅导员从家长处了解到小雅同学在中学期间成绩优异，经常受到老师的表扬和鼓励，学习积极性很高。进入大学后，面对同专业的其他同学通过面式都进入了心仪的学生会等社团组织，在专业演讲比赛上挥洒自如，而小雅全都落选。这时，小雅觉得自己仅存的学习优势变得苍白无力，无论自己怎么努力，都赶不上

其他同学，找不到学习所带来的成就感。地位的强烈变化，使她有些不能面对现实，心理失去平衡。

2.学习内容及方法变化的冲突

小雅缺乏自主学习能力。由于所学专业开设大量的英语专业类和经济类的课程，这对中学时期主修文科专业的小雅同学来说，学习压力非常大。与中学相比，大学的课程数量增加，难度加深，并且大学的学习内容及方法也发生了很大的变化。虽然她自己也抓紧时间学习，但总觉得没什么效果，导致对自己很没有信心，进而导致学习兴趣和求知欲下降，产生了学习焦虑、厌学情绪，学习的目标也调整为只要不挂科就好。

3.物质需求变化的冲突

小雅自知家里经济拮据，母亲经常抱怨养育两个女儿经济困难。小雅从小养成了节约的习惯，到大学后想通过兼职分担家里的经济负担，但是事与愿违，兼职之路不顺畅，她只能通过一天吃一顿饭，在生活上产生了很大的经济压力和心理压力。加之，舍友们家庭条件较优越，穿着打扮都比较讲究，相比之下，她认为自己很土，不会打扮穿衣，心里感到空虚、苦恼。这种由物质需求剧增与经济拮据引起的各种心理冲突和挫折感，是在高中时期没有经历且没有想到的，成为困扰小雅的重要原因之一。

4.人际交往的需求和沟通方式单一的冲突

小雅缺乏与人沟通交往的技巧，常常出现旁听插不上嘴的尴尬状况。她发现与舍友们没有共同的话题，兴趣爱好也不一样，舍友或者同学对她所思所想也有偏见。久而久之，小雅认为自己不属于这个学校、这个班级、这个宿舍，开始独来独往，即使是在教室上课也喜欢一个人独自坐在最后的角落。小雅每天最开心的时候就是每天晚上和以前高中同学通电话，每天晚上都花费1~2个小时在电话聊天上。小雅每次听以前的同学说她们的大学生活有多么丰富多彩的时候，自己就觉得特别孤单、寂寞。

三、解决措施

1.认知自我，寻找自信

首先，通过谈心谈话与小雅建立起相互信任的师生关系，从帮助小雅了解自我开始，进行自我的全面剖析，明确现有可使用的资源，同时认清自身需要改变而且能够改变的情况。其次，与小雅共同探讨改变自我的方法：每天练习找自己的优点，每天至少3条，重复执行2个星期后，让宿舍的同学每人说出她的3个优点，并收集总结，找到自己的优点，发现自己的闪光点；推荐心理书籍，认真阅读书籍了解影响自己心理变化的因素有哪些，罗列下来，与老师一起探讨哪些是可以替代的，哪些是可以稍微改变的，通过阅读了解自己的优势和不足；建议小雅需求专业的心理咨询师的帮助，逐步改变以前不合理的自我评价体系，重塑自信。

2. 探索方法，寻找兴趣

携手专业课教师帮助小雅了解本专业的学习内容、学习特点以及学习方法，全面了解本专业的课程设置。让学生对照专业培养方案，将所学技能一一列出，并从学习兴趣、自身存在优势和劣势进行分析，从中寻找自己的发展方向，有所侧重地学习。如小雅对英语翻译很有兴趣，并且有一定的功底，那么着重发挥这方面的特长，鼓励她参加班级的英语口语小组，强化自身的口语能力；转变学习理念，找到学习技巧，通过与专业课老师、同学之间的交流，让小雅了解到技能学习没有捷径，只有通过不断反复地练习，才能有所收获。并结合自身情况，总结出适合自己的学习方法和技巧；合理安排学习时间，充分利用早晚自习时间，将每天的理论学习和技能学习制定出一张时间表，认真落实时间计划表的安排内容，合理地确定时间计划表中各个时间段的学习内容，努力提高单位时间内的学习效率。

3. 学会沟通，寻找真诚

首先，建议小雅主动寻找人际关系较好的同学进行交流，解答人际交往的困扰以及了解一些交往的经验，并鼓励小雅主动去实践好的经验做法，并抽出课余时间多看一些关于人际交往的书籍，如《非暴力沟通》；其次，建议小雅参与宿舍的集体活动，参与班级的社会实践活动，也鼓励小雅积极参与学校的集体活动，在活动中练习人际交往的技巧，在活动中学会和别人沟通，在活动中增进人际交往的能力；最后，与专业的心理咨询师一起探讨入学以来与同学交往失败的经历，找出原因，并找到合适的应对方式，把咨询室学到的应对方式运用到生活实践当中。

4. 参与实践，寻找乐趣

鼓励小雅参加各类社团活动、比赛。小雅主动报名参加了英语演讲比赛，寝室其他成员帮其出谋划策。但由于第一次参加比赛，经验不足，再加上上台后很紧张，小雅最后并没有入围决赛。但是她说站在台上虽然很紧张，忘词了，但是自己迈出了第一步，并听到了同学们的掌声，感觉很好。

四、案例反思

自信心是大学生心理健康的需要，大学生在生活中难免会遇到这样那样的挫折与困难，大学一年级是进入大学的新起点，需要辅导员的细致关心。

1. 有爱的集体环境，融洽友爱的班级、宿舍集体环境是每位成员心理健康发展的重要环境，有利于优化成员的心理健康。校心理健康中心、团委学生会、辅导员、班干部、心理社团（心理成长办会）可以组织丰富多彩、形式多样、贴合学生需求的教育活动，如班级团建、宿舍夜谈会、心理健康讲座、心理沙龙、学长学姐座谈会等，帮助大学生重新认识自我，培育理性平和、积极向上的阳光心态。

2. 利用皮格马利翁效应，永远对自己的学生抱有好的期望。教育工作者要合情合理地对学生抱有好的期望，帮助大学生在老师好期望下培育阳光心态，塑造良好的心理品质，提升心理素养。

3. 辅导员要加强心理知识学习，关注大学生的心理健康状况，做好大学一年级的新生适应教育。做好大学生普遍适应教育的同时，要对班级的重点关注对象定期跟踪，及时反馈情况。

案例四　"化解关系危机，共创和谐宿舍"大学生宿舍矛盾心理辅导案例

宿舍是大学生生活和学习的后方阵地。辅导员要做好学生宿舍管理，重视学生的思想品德教育和心理健康教育。辅导员是大学生健康成长的重要引路人和指导者，面对学生宿舍出现矛盾和摩擦，要根据具体情况，要找准切入点，及时处理矛盾、化解矛盾，帮助大学生营造融洽的宿舍氛围。

一、案例简介

小芹同学（化名）是三明学院某学院大二学生，女性，家庭经济条件较好，独生女，入学前没有集体生活的经验。小芹因为不满意现在的专业，打算考研，大部分时间都用于学习，常常一个人待在图书馆，跟宿舍同学关系一般。小芹自律性很强，有自己严格的作息时间，当遇到舍友吵闹影响到自己休息的时候沟通方式比较粗暴。这样，宿舍同学慢慢疏远她，排斥她，矛盾越来越激化。

二、案例分析

大学生来自五湖四海，有着不一样的学习经历和生活背景，有着不一样的性格、生活习惯。大学生在宿舍相处过程中容易因为琐碎小事和生活习惯的差异引发各种矛盾和摩擦。这些矛盾一旦处理不及时，处理不好，直接影响学生的生活和学习，甚至会留下更大的隐患。

辅导员在宿舍人际关系矛盾的处理上，听取了小芹的说法，也听取了舍友们的说辞，全面收集关于宿舍矛盾的资料，不主观判断，采用事实说话，不偏袒一方。辅导员充分尊重学生，本着帮助学生的态度，与学生在情感上建立一种朋友式的信任关系，客观公正地解决问题。小芹的说法是她需要有规律的宿舍作息时间。她说，她每天23:30分就要上床睡觉，第二天7点起床。休息好了，第二天才有精力学习，可是舍友们在这个时间还在洗澡、视频聊天、追剧，与小芹的作息时间有冲突。舍长协调过，但是效果甚微。舍友们说，大二年级离考研时间还很久，没必要执行这么严苛的作息时间。舍友们多次劝说无果，小芹还是到点就睡觉，甚至把宿舍灯提前关掉。舍友们发出声响的时候，小芹非常大声地斥责她

们，双方矛盾激化很严重。

三、解决措施

大学宿舍矛盾大多是因为琐碎的事情引起的，再加上没有及时沟通解决，导致矛盾加深，所以解决宿舍矛盾最好的方法是沟通。把矛盾问题放在明面上，相互交流，听取双方的矛盾重点，冷静分析，或者很快就能够解决宿舍矛盾。

1. 充分了解学生信息，兼顾矛盾双方得失

辅导员要深入调查，全面了解学生是做好学生思想工作的前提。辅导员要提前了解学生的家庭情况、教育背景、性格特征、心理健康状况等。在解决问题冲突中，辅导员要根据具体情况，适时准确地转变问题的切入点，引导双方对自己的行为负责。辅导员是大学生健康成长的重要引路人和指导者，在处理宿舍矛盾问题时要找准适当的时机进行心理教育，帮助宿舍成员建立良好的宿舍人际关系。

2. 提高自身修养，养成良好的生活习惯

大学宿舍的成员来自五湖四海，生活习惯迥异。这些不同的生活习惯或多或少会对其他舍友造成影响。这就需要大学生在宿舍集体生活中不断提高自身的修养，养成良好的个人生活习惯。例如：在宿舍里与舍友交流尽量不带脏话、避免在宿舍里打电话、合理安排自己的作息时间、在宿舍里不要大声放音乐、舍友休息时不大声说话、注意个人卫生习惯、不随意使用舍友的物品等等。对于需要考研的小芹同学，舍友们可以在友好沟通的情况下，相互退让和包容，双方都适当调整作息时间。

3. 学习掌握人际交往知识和技巧

部分大学生往往因为缺少人际交往的知识和技能，而导致与舍友相处中产生矛盾和摩擦。大学生应学习和掌握人际交往知识和技巧，改善人际关系。首先，要教会同学积极主动与舍友交流。其次，要严于律己、宽以待人，学会尊重和包容舍友的缺点。再次，要注意说话的方式方法，尽量在宿舍说话要文明，积极参加宿舍集体活动，在活动中增进彼此的了解，从而增强宿舍的凝聚力。

四、案例反思

1. 重视学生思想建设，提高学生人际交往能力

辅导员在矛盾爆发时，要及时处理，因势利导，先处理学生们的不良情绪，再抓住宿舍冲突事件的深层次原因。"00后"大学生个性鲜明、自我意识强烈。他们情绪易激动，自尊心强，习惯从自身的角度看问题，再加上中学教育阶段的心理健康教育可能不足，导致进入大学后，很多学生需要重新开始学习如何跟别人友好相处，使得高校宿舍成为矛盾冲突密集发生的场合。

2. 重视学生品德建设，引导学生健康成长

不少大学生缺乏社会阅历，看待问题比较单一，不够全面，处理问题的能力不足。宿舍矛盾产生的主要原因是有的宿舍成员没有良好的品德和涵养，没有宽广的包容心，遇到不合自己心意的事情就会情绪失控，就会与身边的同学发生冲突，进而影响自己的身心健康。因此，要高度重视学生的品德建设，注重学生德行培养，引导学生树立正确的人生观、价值观和世界观。

3. 重视宿舍文化建设，提高学生凝聚力

辅导员要重视宿舍文化建设。维护良好的宿舍人际关系是宿舍文化建设的重要工作。要引导大学生制定宿舍公约，相互监督、履行宿舍公约，相互帮助形成良好的习惯，促进舍友们之间的交流，培养他们的合作意识和包容意识，增加宿舍的凝聚力；要通过多途径开展宿舍文化建设，如制定宿舍公约比赛、主题宿舍文化布置比赛、宿舍篮球赛等社会实践活动，以活动为载体增强宿舍团体合作能力，营造积极向上、和谐温暖的美好宿舍环境。

4. 重视家校教育合力，提高学生工作实效性

学生宿舍矛盾应引起我们的重视。大学生宿舍作为高校校园生活的重要组成部分，对大学生的学习和生活起着重要的影响。关注大学生宿舍人际关系的特殊性和重要性，给予关心和有效的指导，对大学生的健康成长起到保障作用。学校应积极与家长保存沟通，进一步了解学生的个性特点，以便找准与学生沟通的切入点。只要多方面共同努力，就一定能够营造出温馨和谐的宿舍生活氛围。

案例五　"格桑花开了，开在对岸"大学生恋爱问题心理辅导案例

大学生思想上已趋于独立、成熟，对待爱情已有了自己独到的见解。但是，大学生仍处于青春期，还不能理智地对待情感问题，对待爱情总是会出现各种心理矛盾。学校需要采取及时有效的预防和干预措施，帮助大学生树立正确的恋爱观，系好人生的第一粒"恋爱扣"。

一、案例简介

小玲同学（化名）是三明学院某学院大二学生，女性，学习成绩一般，虽然性格比较内向，但能积极参加班集体活动。小玲和小剑（化名）是同班同学，一起加入了学校某社团组织，长时间接触后发展成男女朋友关系。某天晚上，辅导员突然接到小辉（化名）的电话，说小剑和小玲两个人在宿舍楼下吵架，小玲还把小剑的手机给摔坏了，两个人情绪非常激动。吵架的原因是小玲看到小剑和别的女生聊天，怀疑男朋友跟那个女生暧昧，找男友确认事情的真假，有点胡搅蛮缠。

二、案例分析

通过了解，小玲和小剑的交往是比较盲目的。二人交往时，双方了解不够深，只是各自看到对方好的方面就产生好感，同时身边很多同学都已经处于恋爱状态，于是两个人就这样发展成了男女朋友关系。显然，小玲与小剑两个人对于什么是爱情，如何经营爱情是不甚了解的，遇到小问题没有处理好，容易引发焦虑、烦恼，进而造成心理困扰甚至引发过激行为。

三、解决措施

1. 建立信任关系，谈心谈话

小玲的辅导员接到电话后第一时间赶往现场，初步了解情况后打电话给心理健康中心，希望专业的心理咨询师能够介入先帮忙安抚小玲的情绪。小玲由舍友陪同来到心理健康中心，来到咨询室后，小玲的情绪异常低落，不愿意说话。咨询师从关心学生近期的生活和学习情况入手，慢慢打开学生的心扉，随着谈话的

深入，慢慢过渡到今天吵架摔手机的事情上。谈话中，小玲承认确实和男朋友产生了矛盾，也承认了在冲动下摔了男朋友的手机，也意识到自己的错误，并表示很后悔。在谈话中，心理咨询师与小玲一起探讨了如何经营爱情的话题，明确了爱情是建立在相互信任的基础上，不能因为恋爱而剥夺对方跟异性建立友谊关系的权利，恋爱关系和友谊关系是不相冲突的，再次遇到类似的事情要理性沟通、冷静处理。

2. 多方联动，特别关注

心理健康中心在小玲同意的情况下，告知辅导员基本情况，告知事情的缘由以及具体的经过。心理健康中心与辅导员一起探讨如何化解小玲和小剑紧张的关系，在有必要的情况下可以双方都到辅导员处当面解决问题。小剑接受了小玲的道歉，并说明以后跟异性交往时会把握尺度，可以带小玲一起结识更多的朋友。由于小玲性格比较内向，辅导员也请宿舍心理信息员多邀请小玲参加宿舍集体活动，比如宿舍聚餐、宿舍一起旅游。小玲也表示以后会多花时间跟宿舍同学建立友谊，也可以跟舍友们一起探讨关于人际交往的话题，包括如何经营爱情。

3. 联系家长，多鼓励孩子

当日，辅导员联系了小玲的家长，了解其家庭经济情况以及小玲的成长情况，之后把小玲摔手机的事情告知了家长。家长表示愿意赔偿小剑的手机，也同意多关心、鼓励小玲，引导小玲正确地看待恋爱问题，更重要的是要准确处理好学业和恋爱问题。

四、案例反思

1. 注重学校内涵建设，营造良好学习环境

良好的校园环境是引导大学生树立积极的人生观、价值观和世界观的重要因素之一。学校教育要加强学生的思想政治教育、心理健康教育、职业生涯规划教育。在紧抓专业学习的同时，也要注重学生思想内涵的提升，帮助大学生合理利用课余时间，规划大学生活，为未来做好长远的规划，充实大学生活。

2. 增强第二课堂教育，树立正确的恋爱观

充分发挥心理健康教育课堂的主渠道作用，注重课堂实效。学校心理健康中心要通过线上科普和线下活动相结合的方式，加强对学生恋爱观的教育，让大学生树立正确的恋爱观。辅导员要巧借班会课，加强对学生恋爱观的教育。学校要高度重视因情感产生的心理问题，充分发挥专业心理咨询师的作用，及时给予学生心理辅导，引导学生正确的处理恋爱问题以及失恋问题。

3. 科学规范管理，建立预防与干预机制

在日常教育管理中，建立健全各项规章制度并落到实处，引导学生遵守校规校纪。辅导员要深入学生宿舍，了解学生的心理状况，并结合心理健康普查，建立学生电子心理档案，通过排查，准确锁定可能存在心理危机的学生。发挥班级心理委员和宿舍心理信息员的作用，对心理波动较大的学生进行监护，遇到紧急突发情况随时报告辅导员。辅导员要定期开展主题班会，如恋爱教育的主题班会、挫折教育和情绪管理的主体班会，并不定期开展主题心理健康讲座、心理沙龙、读书会，帮助学生建立科学的恋爱观。

案例六 "以辅带导，助力走好人生路"大学生择业就业心理辅导案例

当前，毕业生就业局势日趋严峻。面对严峻的就业压力，毕业生们很容易陷入茫然、不知所措的境地。学校要从课堂教育教学到课外指导，多措并举地开展就业指导，并贯穿到整个大学生活、学习教育活动，做到全方位、全员、全过程的育人。

一、案例简介

小旺同学（化名）是三明学院某学院学生，男性，来自西北部某乡镇，性格温和谦恭、内敛好强。小旺一直以来成绩都是中等，从大三开始看到身边同学考研，也加入了考研队伍，但父母希望小旺考公，小旺在考研和考公两个选择上举棋不定。在考研、考公的最后冲刺阶段，看到身边的同学都陆陆续续签约，小旺又开始担心自己错过了最佳招聘期。小旺因考研、考公都失败后，又错过了"金三银四"的招聘期，对未来非常迷茫，陷入无限遐想："我是要再次考研还是去找工作"，"找不到工作怎么办"。小旺开始出现失眠、焦躁等情况，情绪波动较大。

二、案列分析

1. 择业就业观的缺乏

准毕业生是高校学生群体中的特殊集体，他们面临就业选择。在严峻的就业竞争力，准毕业生往往不知所措。小旺同学看到身边同学考研，他就考研，家里期望他考公，他就考公。小旺在有限的时间里面临两个重大选择，由于刚开始举棋不定，精力分散，最后以失败告终。在面对找工作的问题上，也单纯地以薪酬高为唯一的衡量标准，出现盲目投简历、盲目跟风热门岗位的现象，结果花费了大量的时间和精力准备，却没有得到自己想要的理想结果，最后开始自我怀疑。可见，小旺对自己的职业生涯缺乏规划，对自我认识不足，从而产生错误的认知、消极的情绪和不良行为。

2. 职业生涯规划的缺乏

学生对"大学生职业生涯规划"课程的重要性缺乏正确的认识大部分大学生

没有对未来自己所从事的职业进行科学的规划。同时，在高校日常教育管理中，较少涉及对学生职业规划意识的培养，导致多数学生缺乏对职业生涯的前瞻性、合理性的认识。临近毕业，类似小旺同学的多数学生对就业仍然一无所知。到了毕业时才关注就业问题，亡羊补牢为时已晚。

3. 家庭支持的缺失

小旺同学在规划考研、考公、就业时，显然没有得到父母的支持，反而给他造成一定的心理负担，这也是小旺后面出现迷茫、焦虑、不安等负面情绪的一个重要因素。小旺同学在考公、考研都失败的时候，没有给予足够的心理支持，有放任孩子逃避就业之嫌。

三、解决措施

1. 具体问题具体分析，给予建设性建议

通过于小旺谈心谈话了解到近期小旺同学情绪状态很不好，辅导员首先分享了自己求学和就业的经历，并建议小旺寻找专业的心理帮助。心理健康中心教师首先处理学生情绪问题，打消学生抵触心理，从找工作开始慢慢深入了解小旺的性格特点、专业性质和实际情况。然后，心理健康中心教师安排了两次的沙盘游戏，帮助小旺了解到自己内在真正的职业选择，坚定自己的选择，为自己的选择负责，并探讨了如何做好职业规划。

2. 发挥社会支持系统的力量，给予择业就业支持

毕业季是毕业生择业就业的关键期。面对严峻的就业形势，涉世未深的准毕业生们容易出现情绪波动，出现"毕业即失业""不知向何处努力"的局面。在这个关键时刻，发挥社会支持系统的力量显得尤为重要。在处理小旺案例过程中，亲属、舍友和班级同学起到了重要作用。小旺父母作为后盾力量进行支持，舍友等同学们分享就业信息，鼓励并带领小旺一起参加集体招聘活动。

四、案例反思

1. 加强学生的择业就业创业指导

从大学一年级入校开始，就有少部分的同学已经有了初步的、有弹性的职业生涯规划，但是大部分同学处于"懵懂无知""浑浑噩噩""无所事事"的状态，

没有自己的学习目标，对毕业后的人生路更是迷茫，没有生涯规划的理念。如今就业局势日趋严峻，学校要加强择业就业创业的指导，发挥"大学生职业生涯规划"课程的主渠道作用，帮助大学生树立起科学的、合理的，具有前瞻性的就业择业创业观念，建立与自身能力相匹配的就业观念。同时，学校要组织开展就业指导讲座、就业心理讲座、就业沙龙、就业典型个案分享等活动，多措并举地开展就业指导，贯穿了整个大学生活、学习教育活动中，做到全方位、全员、全过程的育人。

2. 建立就业的社会支持系统

高校和用人单位之间要打破壁垒，整合校内外科研、教育资源。高校和用人单位要彼此保持开放的思维，秉承大学生就业是全社会的事情的思维，鼓励企业以校外导师的身份参与学生的培养过程，就业单位与高校建立产教研融合基地，增加校外见习、课题研究等灵活多样的实践机会，高校以毕业生最后的发展为导向做培养，用人单位以毕业生初始状态开始培养，最终以系统提升毕业生的就业力和职业发展适应力为目的。

3. 建立毕业生心理健康状况动态监测机制

毕业生群体在毕业季容易产生焦虑、紧张、迷茫等不良心理问题。学校要建立常态化的心理健康监测机制，定期收集学生心理数据，及时发现潜在风险的学生。辅导员在日常学生管理教育过程中，要发挥身份优势帮助学生分析就业压力和心理波动，根据不同的学生、不同的心态、不同的需求进行差异化的引导与辅导，帮助学生减轻压力，走出心理困境。

案例七　"严管厚爱，助学成长"少数民族学生帮扶工作案例

少数民族学生在大学学习过程中，往往面临课业压力、文化和生活压力等问题。高校要根据学生的需求将思想政治教育与解决实际困难结合起来，建立"一生一档"，制定"一生一策"帮扶措施，建立长期的监测机制，建立良性的管理机制。

一、案例简介

小丽同学（化名）是三明学院某学院大二学生，女性，性格文静、腼腆、偏内向，来自西北某省农村，家庭经济条件困难，是当地建档立卡贫困户子女。小丽到大学后，学习上，汉语水平差，听不懂专业课；生活上，比较拮据；人际交往上，因语言问题，与班级同学交流很少，显得很孤僻。小丽因生活习惯、语言表达、民族习俗等方面原因与其他同学存在差异，参加集体活动的次数也非常有限。小丽对大学的学习、生活感到压力和迷茫，时常想要退学。

二、案例分析

1. 生活环境的不适应，心理上的孤独感

小丽在上大学前一直生活在少数民族的社会文化氛围里。虽然高中学校有汉族的学生，但小丽很少跟汉族学生接触。到大学后，因为语言和生活习惯问题，小丽内心充满了畏惧感，总是战战兢兢、缩手缩脚，长期产生担心不能适应生活的焦虑。

2. 学习方式的不适应，学业上的自卑感

小丽同学的高中成绩是很优秀的。进入大学后，由于大学的授课方式、学习方式于高中阶段的授课方式、学习方式完全不一样，小丽听不懂专业课，不会做课后习题，感到非常焦虑，难以适应。小丽又害怕请教老师、同学，考试经常不及格，从而产生了自卑感，对未来充满了迷茫。

3.人际关系的不适应，交往中的自卑感

小丽同学进入大学后，因为语言交流的困难，面对侃侃而谈的舍友们、同学们，虽然开始能够说一两句，但是时间长了，他们很难再有耐心听完小丽慢悠悠地讲完一句话，有的同学总是没等小丽说完，就插嘴，或者转移话题了。慢慢地，小丽开始封闭自己，不说话，在交往中非常被动，久而久之，开始独来独往。

三、解决措施

1.有温情，重拾大学生活信心

辅导员通过谈心谈话、观察平常表现等途径全面了解小丽面临的实际困难，重视她的生活，开通临时困难补助绿色通道，加大临时困难补助力度，并鼓励小丽申请学校勤工助学岗，有效缓解她生活上的困难。

2.用关爱，重拾人际交往信心

该学院辅导员和少数民族辅导员共同关注小丽的情况，建立少数民族学生学业困难档案，经常开展谈心谈话活动，努力做她的倾听者，帮助小丽释放内心的压力，有效缓解她的不良情绪。辅导员鼓励小丽参加班级活动、少数民族活动，并制造机会让小丽勇敢表现自己，在活动中与同学们接触和交流，克服与同学们相处的自卑感。少数民族辅导员也经常介绍同民族学生给小丽认识，帮助小丽更快地融入集体，树立自信心，增强集体归属感。

3.增实效，重振学业信心

针对小丽同学汉语底子薄、不敢说、怕说错的问题，辅导员发挥班级党员的作用，与小丽结成语言交流的对子，利用晚自习和课余时间指导小丽练习汉语。同时，安排班干部每周三下午针对小丽的学习难题进行答疑解惑，指导帮助小丽掌握学习方法，帮助小丽完成专业老师的学习任务。辅导员鼓励舍友们平常多跟小丽交流，耐心地听她把话说完，鼓励小丽多说，增加小丽用普通话交流的信心。通过骨干帮扶，寝室关爱，老师关心，以点带面让小丽了解专业，爱学专业知识，明晰自己专业特长，帮助小丽合理规划自己的学业职业生涯。

四、案例反思

1. 重实效，思想教育与解决困难相结合

在学校日常学生教育管理中，要把解决少数民族学生实际困难作为思想教育的突破口和着力点，在生活、学习、经济等方面为他们办实事，解决实实在在的难题。辅导员和少数民族辅导员要全面了解他们的需求包括心理需求，利用谈心谈话、班会课等途径与学生深入交流沟通，鼓励少数民族学生参加集体活动，鼓励少数民族学生与成绩优秀的学生结成一对一的学业帮扶对子，防止产生回避、自卑心理，帮助少数民族学生融入校园生活，增加集体归属感。

2. 有温情，严格管理与人文关怀相结合

在学生日常教育管理中，坚持所有学生一视同仁的原则，要求所有学生严格遵守校规校纪。由于少数民族学生学业基础比较薄弱，学校需要针对每个少数民族学生的具体问题给予针对性帮扶，建立学业困难少数民族档案；在帮扶中拉近距离、培养情感、增强互信；鼓励少数民族学生发挥民族文化的特点和风俗习惯优势，参加学校、学院、班级组织的各种晚会，增强民族自信。

3. 有计划，日常教育与重点管理相结合

学校在开展思想政治教育的同时，要结合时间节点开展有针对性的教育和管理，根据少数民族学生特点，开展祖国观、民族观、宗教观、文化观教育；要有意识地培养少数民族学生干部，让其更快更好地融入班集体。辅导员要深入少数民族群体，关心并及时解决他们生活、学习上的困难，提高少数民族学生分析现实问题的能力和看问题的深刻性，增强他们的理性爱国意识和民族团结意识。

参考文献

[1] 中共中央党史和文献研究院，中央学习贯彻习近平新时代中国特色社会主义思想主题教育领导小组办公室．2023 习近平新时代中国特色社会主义思想专题摘编 [M].北京：中央文献出版社，党建读物出版社，2023.

[2] 中共中央党史和文献研究院．习近平关于社会主义精神文明建设论述摘编 [M].北京：中央文献出版社，2022.

[3] 李娜，曹莲娜．师说心语"三全育人"再出发[M].天津：南开大学出版社，2023.

[4] 陈仕俊，陈军强．润物无声风化于成三全育人的校本探索与实践 [M].杭州：浙江工商大学出版社，2022.

[5] 姜雅净，程丽萍．三全育人理念下高校课程思政改革实践 [M].上海：立信会计出版社，2021.

[6] 张春宇．三全育人理念下高校思政教学创新路径研究 [M].长春：吉林大学出版社，2022.

[7] 廖成中，程晓娟，夏玉姣，等．高校"三全育人"改革实践研究基于显性教育与隐性教育的融合统一 [M].成都：四川大学出版社，2022.

[8] 高西．高等院校"三全育人"研究 [M].长春：吉林出版集团股份有限公司，2021.

[9] 李亚娜，梁晓倩．三全育人背景下课程思政教学理念与实施路径研究 [M].天津：天津社会科学院出版社，2023.

[10] 王永．高校思政工作者心理育人实务 [M].合肥：中国科学技术大学出版社，2022.

[11] 曹海燕，邹琳，秦霞．三全育人视域下的新时代高校学生资助理论与实践 [M].南京：东南大学出版社，2022.

[12] 吴春笃，陈红 . 新时代高校服务育人理论与实践 [M]. 镇江：江苏大学出版社 ,2021.

[13] 教育部高校思想政治工作创新发展中心（东北师范大学）. 新时代高校资助育人理论与实践 [M]. 长春：吉林人民出版社 ,2020.

[14] 赵巧玲，宗晓兰 . 高校实践育人研究 [M]. 长春：吉林人民出版社 ,2020.

[15] 朱建军 . 高校文化育人探索研究 [M]. 长春：吉林出版集团股份有限公司 ,2021.

[16] 任旭东，马国建 . 新时代高校科研育人理论与实践 [M]. 镇江：江苏大学出版社 ,2021.

[17] 石宏伟 . 新时代高校管理育人理论与实践 [M]. 镇江：江苏大学出版社 ,2021.

[18] 王珲 . 大学生心理健康教育 [M]. 北京：北京理工大学出版社 ,2022.

[19] 王坚，谢康 . 大学生心理健康教育 [M]. 苏州：苏州大学出版社 ,2022.

[20] 左霞 . 大学生思想政治教育与心理健康研究 [M]. 长春：吉林大学出版社 ,2022.

[21] 隋照莹 . 高等院校大学生心理健康与思想政治教育的整合 [M]. 长春：吉林出版集团股份有限公司 ,2019.

[22] 李敏，舒云鹤 . 大学生思想教育与心理健康研究 [M]. 长春：吉林文史出版社 ,2021.

[23] 汤燕辉，卜剑莉，熊静 . 大学生心理健康与思想政治教育结合研究 [M]. 成都：四川大学出版社 ,2018.

[24] 张伟宏 . 新时代高校"三全育人"机制研究 [M]. 长春：吉林大学出版社 ,2019.

[25] 岳修峰 . 普通高等学校"三全育人"研究 [M]. 北京：社会科学文献出版社 ,2018.